JN000801

小澤温・大村美保[監修]

ケアマネジャーが

# 「8050問題」の支援で迷ったときに読む本

ケアマネジメント
プロセスごとに
「いつ」「なにを」
「どうする」が
よくわかる

第一法規

はじめに

　現在、日本では超高齢社会が生み出している問題が複合的に重なり、ケースの問題に深刻さが増している状況がみられます。例えば、高齢の親が障害のある子のケアをする、あるいは、高齢の親が長期のひきこもりの子と同居して生活の世話や経済的な支援をしている「8050問題」をあげることができます。8050問題の支援においては特に複合的なサービスを調整して解決を目指すケアマネジメント実践の必要性が今まで以上に求められています。さらに、この複合的な問題に対しては、個別支援だけでは根本的な問題解決にならないことから、公助に互助や共助を含めた重層的なケアマネジメント実践が地域で求められています。

　地域における実践現場では、介護支援専門員（ケアマネジャー）にとって、8050問題を抱えた家庭に出会うことは少なくありません。本書は、介護支援専門員をはじめ関係する職員に必要な、基本的な知識に加えて、実際の現場で役に立つ実践知識を身につけてほしいという願いから、出版されました。

　現代は、8050問題を含んだ多問題家庭の問題だけでなく、児童・障害者・高齢者への虐待問題、生活困窮家庭の問題など、さまざまな課題が複合的に重なり合った問題が数々生じています。そのため、これまでの介護保険制度を中心とした高齢者福祉と、障害者総合支援法を中心とした障害者福祉、児童福祉法を中心とした児童福祉、生活困窮者自立支援制度を中心とした生活困窮者福祉といった分野別の縦割り制度では対応ができない状況が生まれているといってもよいと思います。

　そのため国は地域共生社会の構築を社会福祉政策の柱に据え、これまでの分野別の縦割り制度から分野横断的な制度への移行に向けての相談支援体制の重要性を強調しています。特に、介護支援専門員は、地域包括ケアの中心的な担い手であるケアマネジメント実践の専門職であり、共生社会に向けた相談体制の基盤となる人材です。その点で、本書の出版は、今日の社会状況からみて、たいへん時宜を得たものであると思います。

　本書は主に介護支援専門員の読者を念頭に置いていますが、高齢者の介

護に関わる方、あるいは、ひきこもりや障害者の相談支援に関わる方にも、ぜひ、読んで欲しいと思います。

2024年5月

本書を代表して　　小澤　温

# 目　次

# 第2章　多職種連携で目指す「8050問題」解決の最適解

# 第3章　プロセス別「8050問題」支援のポイント

## ケーススタディ編

装丁・本文デザイン　山口真理子
本文イラスト　きなこもち／PIXTA

［解説編］

## 第1章

「8050問題」を理解する

# Chapter1
# 「8050問題」の現状とケアマネジャーの役割

## 1.「8050問題」とはどういう問題なのか

　8050問題の定義に関しては学術的なものはあまりなく、地域福祉の実践現場の中で、長期化しているひきこもり状態の子どもとそれを支える親の高齢化問題という観点で着目されてきました。そのため8050問題は、近年では、長期にわたるひきこもり者の加齢化とその家族（主に親）の高齢化にともなう諸問題を中心に捉えがちです。もちろんこの問題も大きな社会問題であることは確かです。

　しかし、8050問題が注目される以前から、障害者福祉の分野では、「親亡き後」の問題として、在宅で家族（主に親）と同居している障害者の加齢化の問題と家族（主に親）の高齢化の問題は深刻な課題として存在していました。なお、ここでは高齢化は65歳以上の年齢になること、特に、75歳以上の後期高齢者の年齢になることを意味していますが、加齢化は年齢を重ねることを意味して、中高年齢期を含む幅広い年齢を含んでいます。

　この「親亡き後」の問題を考えると、長年にわたって、障害のある子どもの介護を行ってきた親の高齢化にともなう家庭内における複合的な介護問題が浮かび上がってきます。8050問題のケースでは、親子の間で共依存の関係が生じやすいとともに、親の要介護状態に焦点をあてた介護保険制度と、子どもの障害に焦点をあてた障害者福祉制度との谷間に陥りやすいため、外部からの支援を受けにくくしています。

　ここでは、障害者の加齢化にともなう8050問題を最初に取り上げ、次に、ひきこもり者の加齢化にともなう8050問題を取り上げます。もちろん、この２つは密接に関係があり、ひきこもりの要因の中には、障害によるもの、さらに障害の周辺にある従来の制度では対象としてこなかったグレーゾーンや境界知能によるものも含まれます。

# 2. 障害者の加齢化にともなう「8050問題」

## (1) 障害者の加齢化の状況

　それでは、障害者の加齢化はどのぐらい進展しているのでしょうか。「令和5年版　障害者白書」（内閣府、2023年）では、直近の調査（2016年）とその前の調査（2011年）を比較すると、身体障害者手帳の所持者数のうち、65歳以上が全体に占める割合は、2011年の68.7%から、2016年は72.6%へ増加していることが示されています。

### 図1　身体障害者数の推移

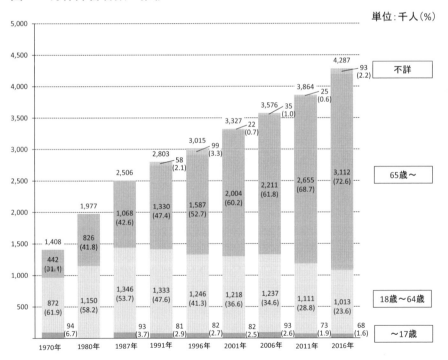

単位：千人（%）

注1：1980年は身体障害児（0〜17歳）に係る調査を行っていない。
注2：四捨五入で人数を出しているため、合計が一致しない場合がある。
資料：厚生労働省「身体障害児・者実態調査」（〜2006年）、厚生労働省「生活のしづらさなどに関する調査」（2011・2016年）

出典：「令和5年版　障害者白書」（内閣府、2023年）

主に、知的障害のある人を対象とした療育手帳の所持者数では、65歳以上の割合は2011年の9.3％から2016年は15.5％へ増加しています。

## 図2　知的障害者数の推移

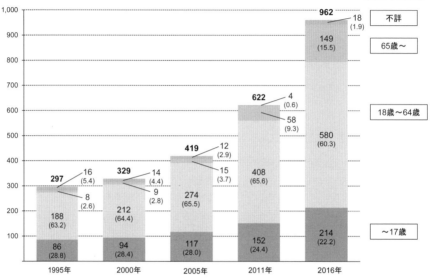

注：四捨五入で人数を出しているため、合計が一致しない場合がある。
資料：厚生労働省「知的障害児（者）基礎調査」（〜2005年）、厚生労働省「生活のしづらさなどに関する調査」（2011・2016年）

出典：図1に同じ

　また、精神障害者保健福祉手帳の所持者数では、65歳以上の割合は2011年の33.9％から2017年には37.2％、2020年になると35.1％となり、2011年からみて増加になっています。

　これらデータからみて、障害者全体としては、65歳以上の占める割合が年々増加していることが理解できます。

　また、この白書では、身体障害児・者では、全体の98.3％が在宅者、知的障害児・者では、全体の87.9％が在宅者、精神障害者では、全体の95.3％が在宅者であることが示されており、ほとんどの障害者が在宅で生活していることがわかります。

## 図3 精神障害者数の推移

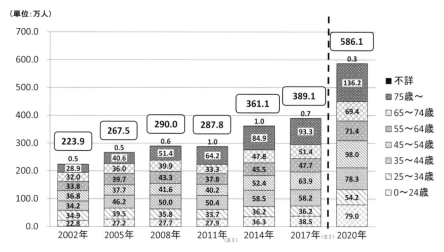

（単位：万人）

注 1）2011 年の調査では宮城県の一部と福島県を除いている。
注 2）2020 年から総患者数の推計方法を変更している。具体的には、外来患者数の推計に用いる平均診療間隔の算出において、前回診療日から調査日までの算定対象の上限を変更している（2017 年までは 31 以上を除外していたが、2020 年からは 99 日以上を除外して算出）。
注 3）四捨五入で人数を出しているため、合計が一致しない場合がある。
資料：厚生労働省「患者調査」（2020 年）より厚生労働省社会・援護局障害保健福祉部で作成

出典：図 1 に同じ

　このことから、障害者の加齢化はかなり進んでいる一方で、そのほとんどは、地域で在宅生活を送っていることがわかります。特に、家族と同居している場合は、家族介護者（多くの場合は親）の要介護状態の悪化や死亡による問題が、障害者自身の地域での生活に大きな影響を与えることが想定されます。

　このような状況に対して、「障害者の日常生活及び社会生活を総合的に支援するための法律」（以下、「障害者総合支援法」）に基づいた第 7 期障害福祉計画（2024 年度～2026 年度までの 3 年間）の国の基本指針では、施設入所者数の削減に関する目標において、2026 年度末時点での施設入所者を 2022 年度末時点での施設入所者数（新規入所者を含めた入所者数）から 5.0％以上削減するとしています。この削減割合は第 6 期障害福祉計画（2021 年度～2023 年度）の目標の 1.6％削減と比較して、大幅な削減になっています。

## ⑵ 地域での支援体制の強化

　施設入所者の削減の目標達成のためには、地域での支援体制を強化して、新規の入所者を減らす施策が必要となっています。いわゆる「親亡き後」も地域で継続的に生活できることが必要です。ただし、地域において在宅の親子同居家庭への支援体制が脆弱な状況なら、それが8050問題として浮かび上がってきます。地域での支援体制としては、絶えず相談支援のできる体制、緊急時に短期入所が利用できる体制、家族と同居している生活からグループホームなどで家族から自立して生活する練習のできる体制も必要です。

　これらの体制を地域の中で推進できる拠点として、「地域生活支援拠点」を整備することが、第5期障害福祉計画（2018年度〜2020年度）の中で示されました。そこでは市町村・圏域に少なくとも1か所以上の設置を義務付けられ、第6期障害福祉計画（2021年度〜2023年度）ではさらに充実させていくこととされました。

　地域生活支援拠点の機能としては、相談支援（地域移行、家庭からの自立など）、地域生活の体験の機会・場（一人暮らし、グループホーム生活）、緊急時の受け入れ（短期入所など）、専門性のある人材の確保・育成、地域の体制づくり（サービス調整、コーディネーターの配置）の5点があげられています。このように地域での支援体制を整えていますが、まだ十分な体制が整っていない市町村も多く、このことが8050問題の早期発見、早期対応を困難にしている要因の1つとして考えられます。


# 3. ひきこもり者の加齢化にともなう「8050問題」

## ⑴ ひきこもりの状況

　内閣府が2022年に実施した「こども・若者の意識と生活に関する調査」の報告書（内閣府、2023年）では、ひきこもりの定義を「狭義のひきこもり」と「準ひきこもり」に分けて、この両者を足したものを「広義のひ

きこもり」としています。

　この調査の結果、生産年齢人口（15歳～64歳）ではほぼ50人に1人の
割合で広義のひきこもりの状態にあることが示されました。

　これはたいへん大きな数字ですが、先に取り上げた障害者の問題以上に
深刻なことは、ひきこもり自体は既存の社会福祉制度では問題とみなされ
ないため、正確な実態を把握する手段がほとんどないことです。また、ひ
きこもり状態にある当事者に加えて、その家族もどこに相談してよいのか
わからないこともあり、当事者や家族のニーズを把握することの困難さが
さらに問題解決を難しくしています。

## ⑵　中高年のひきこもりの状況

　ここでは、さらに、この調査のうち40歳～69歳の結果をもとに、中高
年の広義のひきこもりの特徴をみてみます。

　性別では、男性が59.4％、女性が40.6％で、男性の方が多い割合になっ
ています。年齢は65歳～69歳が44.5％と一番多く、60歳～64歳が
20.0％、55歳～59歳が12.9％であり、以下、年齢が下がるにつれてその

割合も下がっていきます。最終学歴では高等学校が44.5%と一番多く、次に、大学・大学院29.0%、高等専門学校・短期大学10.3%となっています。現在の仕事は無職が59.4%ですが、就業経験については90.3%が「現在は就業していない」が「過去に就業経験がある」としています。ひきこもりの状態になった年齢をみると、60歳〜64歳が23.9%、次いで65歳〜69歳が21.3%、55歳〜59歳が10.3%となっています。

　外出が現在のような状態になった最も大きな理由は、「退職したこと」が42.2%、「新型コロナウイルス感染症が流行したこと」が17.0%、「病気」が14.8%、「人間関係がうまくいかなかったこと」が6.7%でした。

　困難に直面した経験では、39.4%が「経験があった」としており、53.5%が「経験はなかった」としています。困難な経験の原因としては、家族・家庭では、「家庭内での孤立」が最も多く、続いて「家族内の不和や離別」となり、学校では、「集団行動が苦手」、「いじめを受けた」が多く、仕事・職場では、「職場になじめない」、「上司や同僚との関係が悪い」、「職場を退職」が多くみられました。

　相談先に求めることでは、「相手が同じ悩みを持っている、持っていたことがある」、「無料で相談できる」、「相手がカウンセラーなど心理学の専門家である」が多くみられました。

　相談したくない理由としては、「相談しても解決できないと思うから」、「嫌なこと、できないことをするように言われそうだから」、「自分ひとりで解決するべきことだと思うから」、「誰にも知られたくないことだから」、「裏切られたり、失望するのが嫌だから」が多くみられました。

　ひきこもりを含めた総合的な相談支援のために、子ども・若者育成支援機関があります。子ども・若者育成支援機関には、職業安定所をはじめとする就労支援機関やひきこもり地域支援センターなどがありますが、各機関の認知度に関しては、就労支援機関が67.7%、児童相談所・福祉事務所などの福祉機関が48.4%、児童館が34.2%と続き、ひきこもり地域支援センターは18.1%です。子ども・若者育成支援機関のどれも知らないは18.1%です。

　これらの実態調査から、中高年のひきこもりについては、広義のひき

こもりに該当する者の割合では、年齢が高い層ほど高い割合を占めており、単身のひきこもりが増加していることが推測できます。また就業経験のある者の割合が非常に高いことから、中高年齢のひきこもりでは、職場における困難な経験が引き金になり、ひきこもりの状態に至ったことが推測できます。職場における困難な経験のかなりの部分は、職場になじめない状態を生み出している上司や同僚との人間関係の問題であることが考えられます。相談相手に期待することとしては、同じ悩みを持っている、持っていたことがある点があげられており、ひきこもりの相談支援体制において、いかに、同じような経験をしているピア（peer：同じような立場や境遇、経験等を共にする人たちを表す言葉）による相談の取り組みができているかがとても重要なことが示唆されます。

## 4. ひきこもり者を抱える家庭の支援の現状

　東京都は2020年に相談支援に関係する機関（保健所、生活困窮者自立支援機関、民間支援団体等）664か所（全数）と地域包括支援センター457か所（全数）、民生委員・児童委員（10年以上の経験者）2,580人（全数）を対象にして支援状況の実態を把握する調査を実施し、その調査結果を「ひきこもりに関する支援状況等調査結果」（東京都、2021年）として公表しています。

　相談支援に関係する機関の調査では、相談方法のうち、電話相談と対面相談（来所）の2つ合わせた延べ人数が全体の83.3%を占め、実人数では81.6%を占めています。相談者では、当事者が41.6%、親が45.4%を占めています。当事者の年齢では、19歳以下14.7%、20歳代29.1%、30歳代23.7%、40歳代15.4%、50歳以上12.3%です。

　この相談支援機関に関するデータでは、先に示した内閣府の広義のひきこもり当事者のデータと比較して、40歳以上の割合が少ないことが示されています。このことから40歳以上のひきこもり者は相談支援機関との結びつきの機会が薄く、相談支援機関としても把握しにくいという問題が生じていることも考えられます。

また主な生計維持者も、親が75.1%、当事者5.9%であり、圧倒的に親が多いことがわかります。前出の内閣府の調査では、当事者が自力で生計を立てている割合が54.8%なので、この差から、当事者の生活の面倒をみている親が相談支援機関に相談している状況が考えられます。ただし、東京都の調査では、相談支援機関が課題と感じているものでは、若年者（39歳以下）、中高年者（40歳以上）の年齢層ともに「家族から相談があっても当事者が相談支援を望んでいない」との回答が、もっとも多い割合を占めています。

# 5.ケアマネジャーの役割と期待

　この東京都の調査では、地域包括支援センターの結果も示されています。ひきこもり状態にある人の把握では、92.4%の地域包括支援センターで担当地区においてひきこもり状態にある人の把握をしていると回答しています。主に、障害者の相談支援を行う基幹相談支援センターは市町村によって設置状況が異なりますが、地域包括支援センターは介護保険制度の進展にともなって、日常生活圏域（概ね中学校区）に1か所程度の設置が進みました。その結果、全国どこでも一定人口規模ごとに1か所程度あり、地域の状況をきめ細かく把握しやすい利点があります。

　ケアマネジャーも要介護者の増加にともなって、相当数、身近な地域の中で活動しており、地域包括支援センターと同様に、地域の状況を把握しやすい利点があります。地域の家庭の状況をきめ細かく把握しやすいことは、きめ細かい相談支援が行いやすい点で利点といえます。特に、先の東京都の調査結果にも示されているように、「家族から相談があっても当事者が相談支援を望んでいない」といった場合には、当事者が心を開いて相談を希望するまでには相当な信頼関係が必要であり、そのためには一つひとつの相談支援に丁寧に対応していくため、時間がかかります。そのような時間をかけられる相談支援体制のあることが、ひきこもり者を抱える家庭の相談に対応するためにはとても必要です。

　声をあげないひきこもり者を抱えた家庭は相談に結びつけにくいため、

地域においてはケアマネジャー、相談支援専門員などの相談支援の側から対象家庭の積極的な把握活動をすること、いわゆるアウトリーチが必要です。

　ケアマネジメントの制度化については、介護保険制度のスタート時期とも重なったことから、ケアマネジャーの実践を中心とした主に高齢者に対するケアマネジメントが中心となっていた時期が長い間続いてきました。しかしながら、現在直面している課題は、超高齢社会が生み出している課題が複合的に重なり、ケースの問題に深刻さが増している状況がみられます。

　具体的には、これまで論じてきたように、高齢の親が障害のある子のケアをする、あるいは、高齢の親がひきこもりの子と同居している、といった8050問題に加えて、高齢者の孤立と貧困の問題、障害者の加齢化および高齢化問題などを含めて考えると、複合的なサービスを調整して解決を目指すケアマネジメント実践の必要性が今まで以上に求められています。この複合的な問題に対処するためには、ケアマネジメントの専門職として先駆的に取り組んできたケアマネジャーの果たす役割は大きなものがあります。

# Chapter2
# 「8050問題」の背景理解

## 1. 家族の変化

　「8050問題」の背景として一番大きなことに家族形態の変化をあげることができます。「男女共同参画白書　令和4年版」（内閣府、2022年）によると、世帯の家族類型別構成割合の推移は単独世帯の増加によって、夫婦と子ども世帯の割合を上回り、現在一番大きい割合を占めています。その間、3世代等の大家族の世帯は減少し続けています。

**図1　家族類型別構成割合の推移**

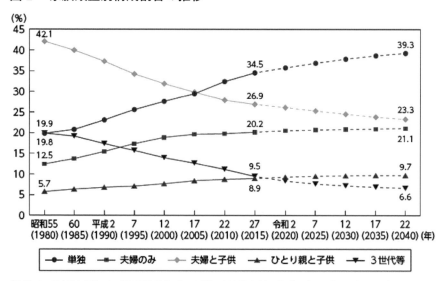

（備考）1．国立社会保障・人口問題研究所『日本の世帯数の将来推計（全国推計）』（2018（平成30）年推計）より作成。
　　　　2．一般世帯に占める比率。「3世代等」は、親族のみの世帯のうちの核家族以外の世帯と、非親族を含む世帯の合算。
　　　　3．「子」とは親族内の最も若い「夫婦」からみた「子」にあたる続柄の世帯員であり、成人を含む。
　　　　4．平成27（2015）年は家族類型不詳を案分した世帯数を基に割合を計算している。令和2（2020）年以降は推計値。

出典：「男女共同参画白書　令和4年版」（内閣府、2022年）

単身世帯の増加の背景には、高齢の夫婦の配偶者の死別・離別により生じた高齢者の単身世帯の割合の増加に加えて、親と未婚の子どもとの同居世帯で親が死別（あるいは施設入所等）した場合に生じる単身世帯の割合の増加の2つの要因が考えられます。特に、後者の場合で、子どもが障害のある場合、あるいは、何らかの原因でひきこもり状態になっている場合は、8050問題は「親亡き後」問題の予備的な状態としてみることができます。あわせて、ひきこもり状態にあっても、大家族の中でのひきこもりの場合は家庭内におけるさまざまな関係性によって家族全体として社会的孤立の状態にはなりにくいことに対して、核家族（特に親一人子一人の同居の世帯など）では家族全体としても社会的孤立の状態になりやすく、外部の相談機関とのつながりも非常にもちにくいことが考えられます。

# 2. ひきこもりになる要因

　ひきこもりになる要因としては、複合的な要因が関与してその状態が生じていることから簡単に説明することは難しいと思われますが、一般的に、心理的な要因、医学的な要因、社会的な要因の3つの観点から説明されます。ここでも、この3つの観点から要因を考えてみたいと思います。

## ①心理的な要因

　心理的な要因では、ひきこもり状態になる以前から相当なストレスを受けて、そのストレスに耐えられずにひきこもり状態になっていくことが考えられます。ただし、ストレスの原因として多くの場合、社会的な要因（対人関係、家族との関係、学校におけるいじめ、職場における不適合等）が関係するので、簡単に心理的な要因と言い切れないことは確かです。

## ②医学的な要因

　医学的な要因では、統合失調症などの精神疾患、軽度の知的障害あるいは境界知能、発達障害といった周囲の理解がなかなか得にくい障害特性によって周りの人との軋轢が生じて、そのことが大きなストレスとなり、ひきこもりを誘発することが考えられます。この場合も、ストレスの原因として、先の心理的な要因と同様に、社会的な要因が関係しますので、簡単

に医学的な要因と言い切れません。

③社会的な要因

　社会的な要因としては、学校や職場におけるいじめや不適合などが、ひきこもり状態を生み出します。さらに、ひきこもりの当事者や家族にとっては、ひきこもり状態になることが社会的にも望ましくないことであるために、将来に関して悲観的になることがしばしばみられます。そのため、外部への相談をすることに抵抗を感じて、ひきこもり状態が長期化することがあります。

　このように、ひきこもりは多くの要因が重なり合って生じた状態なので、その支援も、複雑に絡んだ糸をほぐすように一歩一歩段階的に進めていく必要があります。また、ひきこもり状態にある当事者と家族のニーズ（支援の方向、将来への思い）が一致していない場合もあることから、複眼的な観点での支援対象者へのアプローチが必要になることも認識しておく必要があります。

# 3.対象分野ごとに分断されている支援体制

　これまで述べてきたように、8050問題のポイントは、複合的な課題であること（高齢化しつつある親と加齢化しつつある障害のある子ども、高齢化しつつある親と長期にわたるひきこもりの子どもなど）、家庭内関係を含んだ相互作用的な課題であること、長い時間によって形成されてきた課題であることの特徴があり、高齢者（介護保険制度）、障害者（障害者福祉制度）、児童（児童福祉制度）、生活困窮者（生活困窮者自立支援制度）といった法制度の対象区分による支援体制ではとても対応できない状況が生み出されています。

　障害分野では、「親亡き後」の問題が、8050問題との関係でいち早く着目されたこともあり、地域的な取り組みの制度化も早かったと思います。特に、先にふれた地域生活支援拠点の整備はこの問題に対応するための地域での取り組みとして重要です。ここでは、常時地域で生活する障害者等

に対して相談支援のできる体制、緊急時に短期入所が利用できる体制、家族と同居している生活からグループホームなどで家族から自立して生活する練習のできる体制が必要とされています。

　地域生活支援拠点の具体的な整備方法として、障害者支援施設、グループホーム、基幹相談支援センターなどの機能をもった多機能支援拠点を整備し、その拠点が中心となって活動する「多機能拠点整備型」と、障害者支援施設、グループホーム、基幹相談支援センター、日中活動サービス事業所などの地域内のサービス資源を調整しながら進める「面的整備型」の2つのタイプが厚生労働省より示されています。

　ただし、市町村における実効性のある整備の推進のためには、地域状況に応じた地域生活支援拠点の整備において自立支援協議会を十分に活用すること、地域生活支援拠点を機能するための運営上の課題の共有と関係者への研修を実施すること、PDCAサイクルにより適宜必要な機能を見直し、地域生活支援拠点の強化を図るための検討・検証を行うこと、の3つの条件を満たすことが必要になります。

## 4. 対象分野ごとに分断されている支援体制から重層的な支援体制へ

### ⑴ 2020年の社会福祉法改正

　すでに指摘してきたように、地域においては、少子化と超高齢社会の進展に応じて、従来の高齢、障害、児童、貧困などの分野別の相談支援体制では対応が困難な課題が山積しています。分野横断的な相談支援体制の構築のために、2020年には社会福祉法が改正され、2021年から施行されました。この社会福祉法の改正の柱としては、次の5点をあげることができます。

①地域住民の複雑化・複合化した支援ニーズに対応する市町村の包括的な支援体制の構築の支援

> ②地域の特性に応じた認知症施策や介護サービス提供体制の整備
>    等の推進
> ③医療・介護のデータ基盤の整備の推進
> ④介護人材確保及び業務効率化の取り組みの強化
> ⑤社会福祉連携推進法人制度の創設

## (2) 重層的支援体制整備事業

　5つの柱のうち、「①地域住民の複雑化・複合化した支援ニーズに対応する市町村の包括的な支援体制の構築の支援」では、重層的支援体制整備事業として、次の3つの事業を市町村が実施することとしています。

> ①包括的相談支援事業
> ②地域づくり事業
> ③多機関協働事業

### ①包括的相談支援事業

　介護・障害・子育て・生活困窮分野のそれぞれの相談支援事業が、相談者の対象区分にこだわらずに包括的な相談を受け止めるワンストップ相談を実施し、相談の内容・課題の整理、利用可能なサービスの情報提供を行い、受け止めた機関で解決が難しい場合は適切な支援機関に紹介し、連携をとりながら支援を行うものです。

### ②地域づくり事業

　住民同士が世代や属性を超えて交流できる多様な場や居場所の提供、交流・参加・学習の機会を提供する活動の推進、地域の拠点づくりを通して地域における活動を活性化するような環境整備を行うものです。

### ③多機関協働事業

　実践事例をもとに、支援の状況の把握、専門職の助言、1つの支援機関では難しい複合的な事例の調整、支援機関の役割の明確化、支援の方向性の共有などを行いながら、重層的支援体制整備事業に関わる関係機関の連

携の円滑化を図るものです。

この多機関協働事業の中には、アウトリーチを通した継続的支援事業があります。この事業の内容は、関係機関の連携や地域住民とのつながりの中で、複合化した課題を抱えつつも支援が届いていない人を把握する取り組みです。顕在化はしていないが、潜在的に支援のニーズを抱える人の情報を把握して、信頼関係を構築しながら、時間をかけて相談し、支援を推進していくものです。まさに、8050問題の支援において、この取り組みが求められています。

さらに、この多機関協働事業の中には、参加支援事業もあります。既存の社会参加に向けた取り組みでは対応が困難な当事者のために、当事者のニーズと地域の支援に関わる社会資源や支援サービスのメニューとのマッチングを行います。この取り組みはひきこもり者の社会参加のための支援にとって重要な役割を果たすと思われます。

### ⑶ 障害者福祉分野における重層的な相談支援体制

障害者福祉では、2020年の社会福祉法の改正以前から障害者総合支援法の展開の中で、地域における相談支援体制の構築を目的にした制度改革が行われてきました。その点では、地域共生社会づくりを早い時期から目指していたといえます。そのためには、市町村・都道府県においては自立支援協議会による関係機関の連携の取り組みと分野横断的な基盤に立った支援体制の整備が必要です。

このような相談支援の取り組みをより推進していくためには、障害分野でも重層的な相談支援体制を構築することが求められています。障害分野における重層的な相談支援体制は、第1層では、障害福祉サービスを利用する人に対して取り組む基本相談支援に基づいた計画相談支援の取り組みを実施し、ここでは、指定特定相談支援事業が主な担い手になります。第2層には、障害福祉サービスの利用だけでなく、より幅広い利用者のニーズに対応する一般的な相談支援が位置付けられます。ここでは、市町村相談支援事業が主な担い手になります。第3層は、地域における相談支援体制の整備や社会資源の開発などの共生社会づくりに根差した取り組みで

す。ここでは、基幹相談支援センターと市町村等の自立支援協議会が主な担い手になります。このような相談支援体制の構築によって、分野横断的な地域の課題に対して対応できるシステムを作ることが、地域共生社会を目指した取り組みとして重要です。

　8050問題の支援にあたっては、ここで述べてきたような重層的な相談支援体制の充実がこれまで以上に求められていく必要があります。

# Chapter3
# 「8050問題」が持つリスク

## 1.リスクに対して支援者が持つべき視点

　Chapter 3 では、8050問題がもつリスク、すなわち8050問題が引き起こす可能性のあるネガティブな帰結について、「虐待・マルトリートメント」「金銭問題」「共依存」「親亡き後の問題」「セルフネグレクト」を取り上げます。ケアマネジャーをはじめとする地域の支援者は、このChapter 3 で説明する「8050問題」が持つリスクを、以下の観点から理解することが重要です。

　第 1 に、8050問題を抱える家庭（以下、「8050家庭」という）に生物的、心理的、社会的な不調和が生じるとき、これらのリスクが現実化しますが、それは氷山の一角かもしれないということです。これらのリスクは個別に発生する場合もありますし、複数のリスクが重なって発生する場合もあります。 1 つのリスクが現実化した家庭で、別のリスクが潜んでいる場合もあります。

　第 2 に、これらのリスクは8050家庭に限らず、誰にでも発生する可能性があり、8050家庭に特有のリスクではないということです。生物的、心理的、社会的に不利な状況が相互に影響し合った結果、リスクが生じるプレッシャーが高まって起きると考えるのが適当です。

　第 3 に、これらのリスクが現実化すると、8050家庭の親（以下、「80」という）または子（以下、「50」という）、もしくは両方にとって、健康、人間関係、希望、自尊心などを含む、尊厳ある人間らしい生活（ウェルビーイング）が脅かされるということです。これが、私たち支援者が8050問題に対して支援し、介入する根拠です。

　第 4 に、これらのリスクは8050家庭の存在を認識し、発見する手がかりとなるということです。ケアマネジャーを含む地域の関係者や支援者は、多くの場合、リスクが現実化した段階で対象家庭と出会うことになり

ます。そのため、これらの手がかりを見逃さないような仕組みを整えるとともに、リスクが現実化しているにもかかわらず、潜在化しているケースが地域に存在するかもしれないという視点を持つ必要があります。

　最後に、8050家庭には問題があるケースばかりではなく、順調に機能している家庭も多く存在します。リスクがあることを事前に知っておくことで、家庭が順調に機能しているうちにどのような備えができるのかを自ら考える機会を作ることが可能となります。また、地域社会では、8050家庭からの相談が受けられる体制を作ったり、居場所や活動の場などの心理的または社会的なサポートを提供したりして、リスクを未然に防ぐ予防的な対応をすることも、大事な取り組みとなります。

# 2. 虐待・マルトリートメント

## ⑴ 虐待とは

　虐待とは、保護する側が保護される側に対して行う不適切な権限の行使を指します。「高齢者虐待の防止、高齢者の養護者に対する支援等に関する法律」（以下、「高齢者虐待防止法」）及び「障害者虐待の防止、障害者の養護者に対する支援等に関する法律」（以下、「障害者虐待防止法」）では、身体的虐待、性的虐待、心理的虐待、ネグレクト（放棄・放置：介護や世話をしないこと）、経済的虐待の5つの形態が定義されています。

**表1　虐待の5つの形態**

| 身体的虐待 | 身体に外傷が生じ、または生じるおそれのある暴行を加えること／正当な理由なく身体を拘束すること |
|---|---|
| 性的虐待 | わいせつな行為をすること／わいせつな行為をさせること |
| 心理的虐待 | 著しい暴言または著しく拒絶的な対応、その他の著しい心理的外傷を与える言動を行うこと |
| ネグレクト（放棄・放置） | 衰弱させるような著しい減食または長時間の放置等養護を著しく怠ること／その他の養護すべき職務上の義務を著しく怠ること |
| 経済的虐待 | 財産を不当に処分すること／不当に財産上の利益を得ること |

著者作成

## ⑵ 「8050問題」の虐待　2つのパターン

8050問題が持つリスクとしての虐待は、大きく分けて、①「50」による「80」への虐待と、②「80」による「50」への虐待の2つのパターンがあります。

### ①「50」による「80」への虐待

「50」による「80」への虐待は、高齢者虐待防止法に定める「養護者による高齢者虐待」であり、「50」が養護者（虐待者）、「80」の親が高齢者（被虐待者）にあたります。「50」による「80」への虐待は、8050問題が持つリスクの中でも特に目立っています。『令和4年度「高齢者虐待の防止、高齢者の養護者に対する支援等に関する法律」に基づく対応状況等に関する調査結果』（厚生労働省、2023年）によれば、家庭内で虐待を受けた高齢者は52.8%が「虐待者のみと同居」しています。被虐待高齢者から見た虐待者の続柄は、「息子」が39.0%で最も多く、「娘」は19.3%です。また、虐待者の年齢は、「50～59歳」が最も多く全体の27.0%です。

### ②「80」による「50」への虐待

「80」による「50」への虐待は、「50」の子に障害がある場合に限って、障害者虐待防止法に定める「養護者による障害者虐待」に該当します。この場合は、「80」の親が養護者（虐待者）、「50」の障害のある子が被虐待者にあたります。『令和4年度「障害者虐待事案の未然防止のための調査研究一式」調査研究事業報告書』（日本総合研究所、2023年）によれば、家庭内での障害者虐待において「父」または「母」が虐待者である割合は、被虐待者である障害者が「50歳代」では26.6%に上り、「80」による障害のある「50」への虐待が一定程度存在することが判明しています。

## ⑶ 虐待をした側に対するサポートを忘れずに

「50」が虐待者である場合と「80」が虐待者である場合の両方に言えることですが、虐待は虐待者の側が一義的に悪いと捉えてしまいがちです。しかし、家庭内で起きる虐待を詳しくみていくと、高齢者に対する虐待では被虐待者の「認知症の症状」、障害者に対する虐待では被虐待者の「介

護度や支援度の高さ」は主要な発生要因の1つです。そのほかの発生要因である虐待者の「介護疲れ・介護ストレス」、「理解力の不足や低下」、「知識や情報の不足」、「精神状態が安定していない」なども合わせると、虐待者自身が何らかの支援を必要としている場合（介護疲れ、経済的な問題、障害・疾病など）がかなりあると考えてよいでしょう。

　また、虐待者が被虐待者から長年にわたってさまざまな形での抑圧を受けてきたといった虐待発生までの家庭内の人間関係や経済状況、医療の問題、近隣との関係など、さまざまな問題が虐待の背景に潜んでいることもあります。そのため、ケアマネジャーをはじめとする支援者は、虐待者と被虐待者という当事者とは異なる第三者の立場として、家庭全体の状況からその家庭が抱えている問題を理解し、被虐待者、養護者、家族、親族に対する支援を行うことが必要です。

## ⑷ マルトリートメント

　「マルトリートメント」とは、虐待よりも広い概念であり、「よくない関わり」、「不適切な関わり」を指します。このような関わりが存在している場合、法制度では対応できないこともあります。

　例えば、「80」が障害のない「50」に対して、虐待に相当する不適切な行為を行っている場合、障害者虐待防止法の適用はできません。また、その不適切な行為が必ずしも刑事事件として扱われない場合もあります（法律の対象外のケース）。

　また、「50」に障害がある8050家庭において、「50」が「80」の家計管理に不満を持ち、経済的虐待として通報した場合も、世帯構成員の収入によって家庭の生活を成り立たせている状態では経済的虐待と通常は判断しないため、法律上の判断によって虐待とみなされないことがあります（虐待として認定されないケース）。

　これらのケースでは、虐待に関する法律が適用されないとしても、不適切な関わりが存在するため、支援や介入が必要です。具体的な支援や介入はケースによって異なりますが、家庭内での権利意識の啓発や養護者の負担軽減のためのサポート導入、社会的孤立状態への対応、そして「80」

と「50」の関係性の再構築や合意形成などがあげられます。つまり、ケアマネジャーをはじめとする支援者は、「80」と「50」がそれぞれ尊厳を保持しながら安定した生活を送るための方向性を提供する役割を果たすのです。

# 3. 金銭問題

## ⑴ 金銭問題によって物質的・社会的な剥奪<sub>はくだつ</sub>を経験

　金銭問題も、8050問題の抱えるリスクの1つです。ケアマネジャーをはじめとする支援者が対象家庭と接する際に、金銭問題が既に存在していることがよくあります。ホームレス状態や餓死する手前といった極端な状態になって初めて発見されたり、小さな借金が重なり多重債務を抱えていたり、窃盗や詐欺などの犯罪行為に関与していたりと、金銭問題が顕在化するきっかけはさまざまです。多くの場合、資源が限られた状況下でも、生活を維持しようとする試みがなされるので、かなり深刻な状態になるまで金銭問題は目立たないことが一般的です。

　金銭問題が発生すると、人間は物質的・社会的な剥奪を経験します。「物質的な剥奪」では、住居の状態が悪化し、暖房や冷房などの使用において制限がかかります。また、健康を維持できる質と量の食事が難しくなり、突発的な支出、例えば自転車のタイヤがパンクする、急に屋根が壊れるといったささいなことで予算が超過し、生活の制約感が増します。公的医療保険への加入が維持できなくなり、医療費の支払いの困難さから医療サービスへのアクセスが制限される場合もあります。さらに深刻化すると、住居を失う可能性もあります。

　「社会的な剥奪」では、冠婚葬祭時や一般的な労働者としての相応しい衣類・物品を持つことができなくなり、社会的な活動に参加する時間的・金銭的な余裕がなくなります。そして、他者との交流の機会が著しく制限されるようになります。

　このような8050問題における金銭問題は、「80」が「50」のケアの担い

手である場合と、「50」が「80」のケアの担い手である場合に分けられます。

### ① 「80」が「50」のケアの担い手である場合

　「80」がひきこもりや障害などの「50」のケアを担っている場合、「50」は就業していないことが多いため、財産、老齢年金、家業といった親の資源が生活費の基盤の中心となります。親の資源が豊富で収入が支出を上回る場合は、金銭問題は生じません。しかし、親の資源が不足し始めると、金銭問題が発生します。

　このパターンでの金銭問題の背景には、親子関係の影響があります。「80」が支出超過であることを「50」に伝えられない場合、自身の不安を和らげるために、現在の状況について正常の範囲であると認識する「正常化バイアス」が働くことがあります。また、「50」が「80」の資源を不当に利用することもありますが、これは親の加齢による家庭内のパワーバランスの変化にも関連しています。

### ② 「50」が「80」のケアの担い手となっている場合

　「50」が「80」のケアの主な担い手である場合、日常生活は「50」による無償のケアに依存しがちです。ここでのケアは身体介助だけを指すわけではありません。体力的な問題から「80」が対応することが困難になった日常的な買い物等を、「50」が代わりに担っているようなものも含みます。このとき、「50」は、ケアを理由とした休業や離職、パートタイマーなどケアの時間を割きやすい仕事への転職を経験することがあります。生活費はそれまでに築いた財産や「80」の年金などに依存しており、これらの資源では2人分の生活を支えきれなくなると、金銭問題のリスクが現実化することになります。

## 4. 共依存

### ⑴ 共依存とは

　共依存とは、特定の相手との関係に過剰に依存し、その関係にとらわれた状態を指します。もともとはアルコール依存症者とその家族の関係に関

連していた用語ですが、現在ではギャンブル依存症の家族やドメスティック・バイオレンス、機能不全家族、恋愛関係などでも用いられます。8050問題としてのリスクにおいて共依存は、「80」と「50」の関係性の問題として考えられます。共依存関係では、自分と他者の境界線が混乱し、自分の行動の結果を自分で引き受けるのではなく、共依存の相手にメリットがあるような行動を選択します。

　例えば、「80」が「50」のひどく散らかっている部屋を、頼まれていないのに掃除する場合を考えてみましょう。「80」は、子への愛情が根底にあり、「この子は自分がいなければ生活できない」、「健康に影響があるような部屋で過ごすのはかわいそうだから親がしてあげられるうちは片付けたい」という考えかもしれません。このとき、「80」は、自覚はないかもしれませんが、子から必要とされることで自分の存在意義を見出しています。本来であれば「50」が自分の「掃除をしない」という行動から起きる当然のネガティブな結果に直面するのを、「80」の「掃除する」という行動によって回避させることができるからです。

　一方、「50」にとってみれば、部屋の片付けを肩代わりしてもらう代わりに、「80」に自己効力感や満足感を提供することに成功します。このように、「80」が意図せずに先回りをすると、「50」の「片付けない」という行動を助長させ、「50」が自身の生活能力を発揮する機会を失ってしまうのです。

## ⑵　共依存への対応

　共依存への対応は、家族以外との信頼できる関係性の構築や小さな成功体験を重ねるといった「50」へのアプローチと、受け止め方や家庭内での行動を変容させるための「80」へのアプローチの両方があります。「80」と「50」のどちらが共依存関係に気づき、考え方や行動の変容が期待できるかどうかによっても改善の可能性は変わってきます。家族の長い歴史の中で形成された関係であることも多いため、共依存関係の改善は簡単ではなく、入院、親の転居、死別といった大きなライフイベントによって関係が終わることもあります。

# 5.「親亡き後」の問題

## ⑴「親亡き後」の問題とは

　親にとって、「親亡き後」問題は大きな心配ごとです。この問題は、知的障害のある子の親が自身の死後における子のケアについての心配や悩みを指すことが一般的ですが、知的障害に限らず、ひきこもっているか、社会への参加が難しい子がいる親も同様の心配を抱くことがあります。この問題が現実化した例として、「80」が亡くなった後で遺体を放置する、ごみ屋敷となる、ホームレス状態となる、餓死する、などの事例を身近に経験したケアマネジャーもいるでしょう。

## ⑵ 親への依存度を相対的に減らす

　「親亡き後」を支えるためには、生活全般を支える「相談」、生命や健康を支える「医療」、「居住」、そして「お金」の資源が重要だといわれています。

　「親亡き後」の問題への対策は、古くは「障害者は施設で一生保護されて暮らすべき」という考え方に基づき、成人となった早い段階で障害のある子を地域から切り離し、施設に入所するという方法で行われてきました。しかし、近年では病気や障害のある人を地域で支える制度やサービスが充実し、希望や能力、ニーズに応じて組み合わせて選べる時代になっています。障害福祉サービスの居宅介護やショートステイ、訪問看護などの自宅での生活を支えるサービスや、日中の活動を支える通いのサービス、生活のコントロールの仕方を習ったり働くための訓練を行う事業所など、多様な選択肢があります。

　それでもなお、親は将来の「親亡き後」を心配し、子のケアをそのまま引き継いでくれる人や機関を模索する傾向があります。このような背景から、知的障害のある子どもの親の全国団体である「全国手をつなぐ育成会」は、親が健在なうちから親への依存度を相対的に減らし、親自身が子どもを支える支援チームの一員として参加することを提案しています。これ

は、「50」の障害のあるなしにかかわらず、「8050問題」における「親亡き後」のリスクへの対応を考える際のヒントとなる提案であるといえます。

## (3) 「親のあるうち」に地域社会とのつながりを

「親亡き後」の問題は、「80」の健康リスクとの関連で発生する「50」に関する問題ですが、実際には「親亡き後」となる前の「親のあるうち」に、「80」と「50」の両方に問題が生じます。

「80」は、高齢になるにつれて健康状態が悪化し、日常生活の困難が増えます。その結果、日常的な買い物や栄養管理、衛生状態の維持、家計管理が難しくなることがあります。こうした生活機能の低下により、虐待やマルトリートメント、セルフネグレクトが発生しやすくなります。

「親亡き後」の金銭的問題に詳しい渡部伸は、「親がいなくなったとしても、地域社会とのつながりがあれば何とかなる」と述べ、多くの人とつながることが「親亡き後」への最大のプレゼントだと指摘しています。この視点は、8050問題のリスクの1つである「親亡き後」の問題への備えを考える際に大いに参考になるでしょう。

# 6. セルフネグレクト

## (1) セルフネグレクトとは

8050家庭が持つリスクとして最後に紹介するのがセルフネグレクトです。セルフネグレクトとは、健康や安全を脅かすことになる、自分自身に対する不適切な、または怠慢の行為を指します。

セルフネグレクトの態様は「不衛生」「住環境の劣悪さ」「サービス拒否」「孤立」などさまざまですが、社会から孤立し、生活行為や心身の健康維持ができなくなっているという共通点があります。8050問題では、「80」と「50」のいずれか、もしくは両方にリスクがあります。セルフネグレクト状態の8050家庭では、「80」に、認知症や気分障害などの精神疾患・障害、アルコール関連の問題を有する場合があります。また、「50」に、

知的障害や発達障害、精神疾患・障害などがある場合もあります。

## ⑵ セルフネグレクトへの対応

　セルフネグレクトは、他者からの虐待行為を受けているわけではないため、高齢者虐待防止法や障害者虐待防止法の対象外ですが、高齢者や障害者の権利擁護の観点から、「やむを得ない措置」や成年後見制度の市町村長申立てといった、市町村長による対応の仕組みが定められています。

　それまでの生活歴や疾病・障害の理由から支援機関の関与を拒否することもあるため、支援には困難がともないます。しかし、生命・身体に重大な危険が生じるおそれや孤立死に至るリスクがあります。斉藤雅茂らは、全国の市町村を対象にした複数の調査から、約9割が高齢者のセルフネグレクトを重要な問題と認識しつつも、当該ケースを把握・管理している市町村は25％程度に留まっていると述べています。地域包括支援センターを中心とした高齢者の見守りネットワークや、コミュニティソーシャルワークの取り組み、障害者の居住支援のための機能を持つ場所や体制である「地域生活支援拠点等」の機能を活用して、セルフネグレクト状態にある8050家庭が早期に適切な支援につながるよう、市町村の体制の整備が求められます。

# Chapter4

# なぜ「8050問題」の支援は難しい?

## 1. ケースによって異なる「8050問題」の原因の見極め

### (1) 家族ごとに固有のストーリーがある

　家族における人間関係はウェルビーイング（個人の権利や自己実現が保証され、身体的、精神的、社会的に良好な状態にあることを意味する概念）の基礎です。一般的に家族の構成員は、食事、住居、安全、情緒的ニーズなどの基本的な要件を満たすために家族内の役割を果たし、家族としての態度や価値観を学び、許容される行動を身につけます。そして、どの家族にも、家族の全体的機能を統括するためのルールや、家族内のコミュニケーションに関する特有の様式などの対人関係があります。健全な家族は、構成員一人ひとりと社会との間の緩衝材となり、自分を取り戻して活力を得るための安全な避難所として機能します。

　しかし、8050家庭では、そうした家族構成員の役割関係に不調和が生じ、健全な家族の機能が阻害されます。しかし、8050家庭それぞれに固有のストーリーがあるため、支援者は、その固有のストーリーを理解したうえで、家族の構成員の人間関係と環境（友人、近隣、地域社会など）との相互作用を見極める必要があります。

### (2) 原因はさまざまかつ複合的

　8050問題の原因はさまざまです。「子育て」、「愛情を基盤とした関係性」、「地域との関わり」といった一般的に家庭に存在すると考えられる機能が、早い段階から健全に機能していなかった家庭がそのまま8050問題に発展する場合もあれば、順調に機能していた家庭においてある時点から8050問題が起きる場合もあります。8050問題では後者のパターンが多いとされますが、その原因となる事象もまたさまざまです。高齢化や病気、

情緒的問題など「80」の理由によるものや、何らかの社会への参加のしづらさがある「50」の理由によるもの、両者の間の関係性に問題が生じたものなどがあげられます。そして、そうした原因は複合的に重なり合っていることがほとんどです。

### ⑶「生物・心理・社会モデル」による対象者の包括的な理解

　「80」側や「50」側の原因を検討する際は、「生物・心理・社会モデル」に基づく対象者の包括的な理解が重要です。このモデルは、生物的（医学的）、心理的、社会的側面とそれらの相互作用の視点から人間の機能を理解する枠組みです。

**図1　生物・心理・社会モデル**

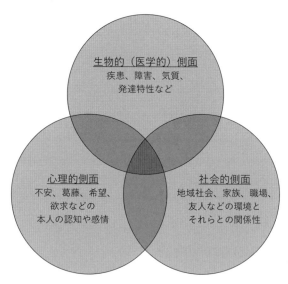

著者作成

　例えば、「50」が職場での人間関係や失敗によってひきこもったケースを考えてみましょう。「社会的側面」に着目すると、職場での問題はひきこもる原因かもしれませんが、この職場環境に直接アプローチすればよいかというと、それだけとも限りません。この人の「心理的側面」に着目す

ると、そうした環境によって心が傷つくことを避けるための「適応機制」として回避行動をとっている可能性があります。適応機制とは、何らかの葛藤や痛み、危機に直面するなどの状況から自分を守ろうとする心の防衛反応のことで、これは私たち人間の精神的な安定のために備わった通常の心理的メカニズムです。また、対立する２つの欲求（例えば、「会社には行きたくないが収入がなくなるのも困る」など）により葛藤が続いたため、心のエネルギーが枯渇した状態（うつ状態）になってしまった場合には、うつ状態からの回復のため心身を十分に休めることが重要になるでしょう。

　しかし、かなり長期間にわたって自己決定や対人関係、葛藤などを避ける傾向が続く場合は、その背景に何らかの治療を要する病気や、発達特性もしくはパーソナリティの問題が潜んでいるかもしれません。そのため、生物的、心理的、社会的な各側面を、１つの側面からではなく総合的に検討する必要があります。

　厚生労働省の「ひきこもりの評価・支援に関するガイドライン」（以下、「ガイドライン」という）においても、ひきこもりを、①統合失調症、気分障害、不安障害などが主な原因であるもの、②発達障害が主な原因であるもの、③パーソナリティ障害や同一性の問題などが主な原因であるものに分類したうえで、それぞれに対して異なる治療・介入やアプローチを示しています。

## ⑷ 原因を追求するのではなく家族機能の回復を支える視点で

　支援者はネガティブな状態に対して、その原因を探し、その原因にアプローチして解決策を模索したくなります。しかし、ケースごとにきっかけや原因を見極めたとしても、そのきっかけや原因への直接的なアプローチが必ずしも状態の改善につながるとは限りません。

　例えば、それまで面倒見がよく何かと世話をしてくれた母親が亡くなった後、職場に行けなくなった子と父親から構成される8050家庭では、ひきこもりの原因となった「母親の死去」というライフイベント自体を変更することはできません。この場合は、母親の支えがない生活への適応スキ

ルの獲得や何かしらの方法による代替、そのための資源の確保、「80」の父親と「50」の子の間での役割内葛藤（父親から子に対する就業・社会参加への期待、日常的な買い物・調理・洗濯といった家事への要求をめぐる考えの不一致など）といった家族システムの影響を考慮する必要があるでしょう。重要なのは、原因を追求することではなく、将来に向かって家族機能の回復を支える視点です。

　さらにいえば、8050問題はその家庭のみに責任があるのではなく、社会構造が関係する問題です。だからこそ、支援者は、社会の集団的責任として介入し、社会の一員として当事者たちに寄り添い、解決に向けた手助けをします。このとき、8050家庭の親もしくは子を、生物的・心理的に支えるだけでなく、集団・団体・地域社会でサポートする、慣習・法律・制度を見直して整えるという社会的なレベルを意識する必要があります。つまり、8050問題の支援は、支援者やその人が属する機関・地域におけるケースワークの力量が問われるといっても過言ではありません。

# 2.「子のひきこもり」というセンシティブな話題への介入

## (1) 親が相談しづらいのには理由がある

　「子のひきこもりの問題を周囲に相談できない」という親は少なくありません。親が相談しづらいのには理由があります。

　第1の理由は、家庭内での対立の回避です。NHKが2020年に行った調査によれば、ひきこもりの親が相談できない理由で最も多かったのは「本人が支援を受けることを嫌がる」でした。子の側は、ひきこもることで葛藤を避けて、変化を望みません。親が子の望まない相談を開始した場合は、家庭内で親子の対立が生じてストレスになり得ます。そのため、親は子との対立を回避するために相談を開始しにくい状況となります。

　第2の理由は、8050家庭の親や子ども自身が社会による偏見を内面化している（＝セルフスティグマを持っている）ためです。ひきこもりは、周囲から否定的な評価をされることが少なくありません。家族は、そうし

た否定的な評価を当たり前のこととして受け止めることで、他者に助けを求めることにためらいやきまりの悪さを感じてしまいます。

第3の理由は、相談先の選択の難しさです。ひきこもりの支援に関わる社会資源は地域に多くは存在せず、かつ、ひきこもり者本人の回復段階に応じて対応できる機関が異なります。他方、親はそもそも社会資源に関する情報を持っていなかったり、過去に相談した支援機関においてあまり良い経験をしていなかったりします。過去の相談でのネガティブな経験は、次の相談への抵抗感を生み、自己開示の欲求を下げます。

8050家庭に関わることになるケアマネジャーなどの支援者は、このような親の相談のしづらさを理解したうえで、家庭の構成員との協同関係を構築して介入する必要があります。

## (2) 回復段階に応じた支援とその社会資源

厚生労働省の「ガイドライン」によれば、ひきこもり者の回復支援には大きく4段階のステップがあります。「出会いと評価」「個人的支援」「中間的・過渡的な集団との再会」「社会参加の試行」の4段階です。

第1段階の「出会いと評価」は、ひきこもり状態にある本人について家族から情報を得る段階で、先に登場した「生物・心理・社会モデル」によるアセスメントを行います。この段階では本人が家族以外の第三者と出会うことが難しいという特徴があります。対応できる社会資源としてはひきこもりの親の会や家族相談などがあります。

第2段階の「個人的支援」は、ひきこもり状態にある本人に対する医療・心理療法と、その家族に対する支援を行う段階で、1対1の関係での支援です。家庭訪問を中心とするアウトリーチ型の支援や心理カウンセリングの利用、精神科医療との連携などがあげられます。対応する社会資源としては、精神保健福祉センター、精神医療機関、ひきこもり地域支援センター、NPOや民間の支援機関などがあります。

第3段階の「中間的・過渡的な集団との再会」は、リハビリテーションとしてのグループ活動や居場所の提供が行われる段階です。対応できる社会資源としては、精神科デイケア、自立訓練（生活訓練）や地域活動支援

センター、重層的支援体制整備事業、居場所活動などがあります。

　第４段階の「社会参加の試行」は、社会への再統合とその準備の段階です。対応する社会資源としては、ハローワーク、障害者職業センター、障害者就業・生活支援センター、就労移行支援事業などがあります。

## 図２　ひきこもり支援の段階と社会資源

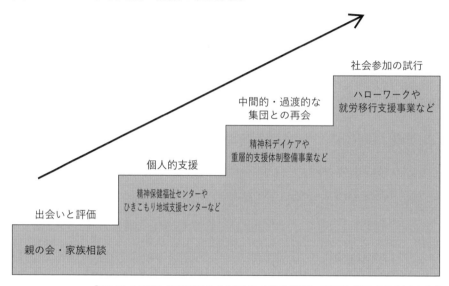

「ひきこもりの評価・支援に関するガイドライン」（厚生労働省、2010年）42頁、図３をもとに作成

　実際には、いくつかの段階をカバーする社会資源もあります。そして、ひきこもり状態からの回復は必ずしも一段階ずつ進捗するわけではなく、段階を飛ばしたり戻ったりすることがありますし、目標の最終地点もその人によって異なります。

　ひきこもりの回復支援の４段階モデルから明らかなのは、回復には段階があり、それを支えるのは１つの支援機関だけではないということです。ケアマネジャーなどの支援者は、「50」側を支援機関につなげるにあたり、ひきこもり状態にある人の回復段階に応じた支援とその社会資源の理解をすることが必要です。また、最初に信頼関係を築いた社会資源に対する過度な期待から、本人や家族は次の段階への移行に抵抗を示すこともあるた

め、本人や家族が自身の成長に対する客観的な視座を獲得できるよう、支援者はエンパワメント指向で関わる必要があります。

　8050家庭の多くは潜在化しており、堺泉洋らの調査によれば、ひきこもり状態にある人の半数以上は相談機関への来所経験がありません。そのため、8050家庭がケアマネジャーなどの支援者と接触する何らかのきっかけがあれば、それはとても貴重な機会です。ケアマネジャーなどの支援者は、適切な機関につなげるという任務を果たすために、ひきこもり状態にある人の回復段階に応じた支援とその社会資源を心得ておく必要があります。

# 3. ひきこもりの当事者である「50」側との関わり方の難しさ

## ⑴　相談に消極的な「50」との関わり

　内閣府が行ったひきこもり当事者に対する調査で、「どのような人や場所なら相談したいと思うか」という質問に対して、「誰にも相談したくない」と答えた人は22.9％という結果になりました。このような「相談したくない」と考える「50」には、ひきこもりという問題自体に関する自覚や認識がない場合や、認識があっても相談したり現状を変化させたりすることに対して抵抗感や不信感などがある場合があります。

　相談に消極的な「50」が自ら相談や治療場面に出向くのはかなり困難なため、行き詰まっている状況からの改善には何らかの形での積極的な働きかけが求められます。援助が必要であるにもかかわらず自発的に申し出をしない人に対して積極的に働きかけて支援の実現を目指すことを「アウトリーチ」といい、消極的な「50」の支援において重要な選択肢の１つです。ひきこもり者へのアウトリーチの多くは、支援機関のスタッフが自宅に訪問する形をとります。

　アウトリーチは重要な選択肢の１つですが、全員に適用できるわけではありません。家庭内暴力、暴言、自殺願望、重度の精神疾患などにより深

刻な自傷または他者に危害を与える懸念がある場合は、自宅に支援者が入らない時間帯に本人と家族の安全や健康が脅かされる危険性がありますので、アウトリーチには向きません。また、親子の対立が顕著である場合にもアウトリーチには向きません。「50」に「親の味方がやってきた」と認識されることで家族関係がさらに悪化する可能性があるからです。

　このように、支援の選択にあたっては、「50」本人や家庭の状況を見極める必要があり、安易な選択は禁物です。また、もしも介入に失敗すると「50」や家族の現状維持志向がより強まり、再度の介入が非常に困難となりますので、慎重さが求められます。

## (2) 自尊心を脅かさず、適正な距離でポジティブなコミュニケーションを

　関係性の構築は、ひきこもりの当事者である「50」との接触において極めて重要です。「50」の自尊心を損なわず、適切な距離を保ちながら、ポジティブなコミュニケーションを取ることは、接し方に慣れない支援者にとって容易なことではありません。重要なポイントを絞って見ていきましょう。

### ① 「50」の自尊心を傷つけない

　まず、最も重要なのは、「50」の自尊心を傷つけないことです。本人に対する先入観を持つこと、「50」本人が開示した情報よりも記録や他者からの情報に基づいて「50」を理解したと錯覚すること、「50」の持つ強みや能力を軽視することは避けましょう。「50」との信頼関係を築くためには、協力的な態度が必要です。支援者は次の点に留意する必要があります。

> ・**個性と価値を認める**
> 　個性を尊重し、多様性を受け入れます。「50」の人間性を認めることが重要です
> ・**自己決定を促進する**
> 　「50」本人の自己決定を支持します。本人が決定しにくい場合は、「選択しない」ことも含めた複数の選択肢を提示し、それ

それの選択肢で起こりうる結果を説明します。こうしたアプローチによって問題解決に向けたパートナーシップができ、本人の対処能力が向上します

・**中立的かつ受容的なコミュニケーション**
積極的に傾聴し、共感します。そのことによって本人の警戒心が減少し、支援者との信頼関係が築かれます

## ② 「50」との適切な距離感を保つ

次に、「50」との適切な距離感を保つことが重要です。人は、他者が自分に接触したり話しかけたりする際、その接触の方法が安全で許容できるかどうかを判断します。そのため、個人によってガイドラインやルール、制約が異なることを理解する必要があります。特に、葛藤、不安、恥ずかしさなどは他者に触れられたくないと感じることが多いため、そうした感情をともなう話題を開示できるかどうかは相手を選びます。支援者は本人にとって安全で許容できる存在である必要があり、相手が許容できる範囲で接近する必要があるのです。

本人が距離感を許容できるかどうかは、言語的に確認する方法に加え、表情や声のトーン、身体の動き、質問への応答性などの非言語的コミュニケーションからも推測されます。接触の回数を重ねるごとに適正な距離感に対する本人の感覚を理解しやすくなるでしょう。会話を本人が侵襲的（心の中に土足で踏み入られているような感覚）に感じるかどうかは重要なポイントです。気候やニュース、食事や買い物といった日常的な活動に関わる雑談は一般的に侵襲性が低い話題です。他方で、直視しづらい事実や将来への不安など、「50」本人がこのままではいけないのではないかと思うような内容を会話の中で扱う時は、注意が必要です。関係性が構築されていない段階では、侵襲的であると感じて関係を拒絶されるかもしれません。適正な距離感を維持し、共に取り組んでもよいと思う関係性を作るのが理想です。

最後に、「50」を追い詰めたり個人のルールを侵すことなく、ポジティブなコミュニケーションを心がけることが重要です。具体的なアプローチ

として以下のポイントを示します。ポジティブなコミュニケーションに関する書籍は多数ありますので、参考にすると良いでしょう。

**＊伝えるときはできるだけ短く、端的に**

専門的援助関係でのパワーバランスは本人の方にあり、支援者の発言は本人に語ってもらうためのものです。相手の話をしっかり聞きましょう

**＊肯定的に伝える**

「・・・はできない」「・・・はやめた方がいい」などの否定的表現は選択・自己決定や行動への不安を高めます。一方で、「・・・ができる」「・・・について考えてほしい」など肯定的な伝え方をすることで相手が安心して決定しやすくなります

**＊支援者の感情を明確にして伝える**

本人と支援者の関係性が良好であれば、「・・・してくれたら嬉しい」「・・・を心配している」などの表現があることで、支援者のポジティブな感情への応答の欲求が本人に生じる可能性があり、そうした行動が促進されます

**＊本人の体験を支援者や他の誰かの体験と同一視しない**

その人の体験はその人のかけがえのない人生における場面の１つで、その人だけのものです。受験、結婚、出産など他のライフイベントと同様、他者と比較するようなものではありません。支援者は類似の対象者との接触がよくありますので間違えやすいポイントです

**＊共に取り組む姿勢を示す**

例えば、「約束したのに部屋から出てこなかったのはあなたの責任である」とは言わず、「前日に確認しなかったのはこちらも申し訳なかった」「気分がどうしても乗らない時の断り方を提案できなかったのは悪かった」など、部分的に責任を受け入

れるメッセージを伝えます。相撲やレスリングではなくペアダ
ンスをするイメージです

# ［解説編］

## 第 2 章

## 多職種連携で目指す 「8050問題」 解決の最適解

# Chapter1
# 「8050問題」で重視すべき社会資源

## 1.「8050問題」の支援における社会資源の考え方

### (1) ケアマネジャーの担う支援

　高齢者福祉分野においてケアマネジャーの業務内容は多岐にわたります。介護保険サービスの調整といった業務だけではなく、生活に関わる相談、病気や健康に関わる相談、権利擁護や高齢者の意思決定支援に関わる相談など、幅広い相談にケアマネジャーは日々対応しています。介護保険サービスを利用する本人以外にも、家族や近隣住民、民生委員、行政等も含めたさまざまな関係機関の人から相談を受け、高齢者福祉分野の専門職として、地域の中心的な存在として活動しています。

　地域で活動しているケアマネジャーは、本人や家族がどのように生活していくかといった相談や、生活の中で生じる困難さを解消するためにフォーマル、インフォーマルの社会資源を調整し、支援を実施しています。このために必要とされる地域のネットワークづくりなども重要な業務となっています。

　第1章でも指摘しているように、8050家庭の支援においても、高齢者世帯への相談支援の窓口となるケアマネジャーの専門性は重要な存在です。現在は8050問題だけではなく、さらに高齢化した「9060問題」への対応も含め、多くのケアマネジャーや支援者が問題を抱える家庭を支えるために日々、支援を行っています。

　ケアマネジャーは、高齢者の生活課題において総合的な相談窓口として支援に関わることから、8050問題でも相談支援の入口として関わることも多いでしょう。初回面談では、問題が生じる前の「問題の芽」が生まれようとしている段階はもちろん、すでに問題が顕在化し、さまざまな対応が必要とされる状況においても関わりが求められます。また、他の機関が

すでに関わっている8050家庭の支援においては、行政や関係者を通して協力を求められることも多くあります。

## (2) 親の支援機関と子の支援機関の協働

8050家庭を支援するにあたり、ケアマネジャーはその専門性を生かし、「80」側の親を中心とした視点で支援の検討を進めていきます。一方で、「50」側の子の支援の専門性を生かした機関としては、例えば市町村や生活困窮者自立相談支援事業、障害者基幹相談支援センター、市町村障害者相談支援事業、指定特定相談支援事業所、ひきこもり支援センターなどといった支援機関が想定され、各分野の専門性を生かし、「50」に対する視点で支援が検討されていくことが多くあります。

「80」と「50」への支援を並行して検討する中では、親への支援の専門性を持ったケアマネジャーと子の支援の専門性を持った機関の双方による協働した動きが求められ、それぞれの専門性を生かすことが8050家庭の問題解決へとつながっていきます。こうした協働による動きの中で、双方の支援機関の立場や役割を理解し合い、協力して実施される家庭へのアセスメントが重要であり、双方の分野の専門性を生かしながら家庭全体への支援の視点で協力していくことが、支援開始の第一歩となります。

## (3)「8050家庭」の抱える問題と社会資源の活用

8050家庭の支援の中で、世帯の状況や家族歴を掘り下げていくと、世帯の経済的な問題や家族間の関係性の問題、「50」の社会経験上の問題や働くことに関する問題、ひきこもりの問題などに起因する場合も多いでしょう。こうした問題から制度の活用を考えていくと、生活困窮者自立支援制度の活用を視野に入れる必要があります。また、「50」に病気や障害またはその疑いがある、もしくはコミュニケーションに関わる問題などに起因している場合においては、障害者総合支援法に基づく事業やサービスの活用なども視野に入れていく必要があるかもしれません。こうした状況において必要なことは、「50」の支援の専門性を持った相談支援機関との連携です。

生活困窮者自立支援法における相談支援や障害者総合支援法における相談支援は各市町村における必須事業となっています。ケアマネジャーは自地域の生活困窮者や障害者の相談支援について自治体で直接事業を実施しているのか、または事業を民間委託して実施しているのか確認する必要があります。これは、ケアマネジャーが支援を必要とする時に市役所や町村役場に行っても適切な相談先につながらない場合があるためです。例えば、町村部の生活困窮者自立支援事業は町村ではなく圏域で受託している場合もあります。また、基幹相談支援センターを設置していない地域もあるため、アクセスしやすいように事前に確認しておくと必要な時にスムーズにつながることができます。各自治体の考え方や社会資源の状況等に基づいて、自治体ごとに相談支援体制の整備が進められています。まずは自治体の担当窓口を事前に確認し、自地域の社会資源の情報として理解しておくとよいでしょう。

# 2. 社会資源の種類と役割

## (1) 各分野における相談支援機関

　それでは各制度に位置付けられている相談支援について確認していきたいと思います。

### ①生活困窮者自立相談支援制度

　生活困窮者自立支援法では、自立相談支援機関に配置されている主任相談支援員や相談支援員が相談支援の入口となり、生活困窮状態の人やひきこもり状態にある人へアセスメントし、具体的な支援が検討されます。

　生活困窮者自立支援法では、家計に関わる問題や就労に関わる問題など8050問題につながる要因となるような問題も扱います。「50」の支援において課題となる部分へのアプローチで協力していくことが考えられ、必要に応じ、自立相談支援機関との連携を検討していく場合があります。このことから、8050家庭の支援の中での連携先として押さえておくとよいでしょう。

## ②基幹相談支援センター・市町村障害者相談支援事業

　病気や障害等により、生活面に問題が生じている場合は、基幹相談支援センターや市町村障害者相談支援事業の相談支援専門員が相談支援の入口となります。基幹相談支援センターは未設置の市町村もありますが、障害のある人や家族との関係を作りながらアセスメントし、必要な支援を考えていく機関です。

### 表1　基幹相談支援センターの業務

| ・地域における相談支援の中核的な役割を担う機関として、次に掲げる事業及び業務を総合的に行う | |
|---|---|
| 1.　地域生活支援事業に関する業務 | ・障害者等、障害児の保護者等の相談に応じ、必要な情報の提供、助言その他の便宜供与<br>・虐待防止及び早期発見のための関係機関との連絡調整、必要な援助<br>・成年後見制度の利用が困難であるものに対する費用の支給 |
| 2.　3障害に対する情報提供、助言・指導に関する業務 | 身体障害者、知的障害者、精神障害者について<br>・障害者の福祉に関し、必要な情報の提供<br>・障害者の相談に応じ、必要な調査を行い、本人に対して、直接・間接に助言、指導等を実施 |
| ＜中核をなす業務として追加＞ | |
| 3.　地域の相談支援事業者等の後方支援に関する業務 | ・地域における相談支援、障害児相談支援に従事する者に対する相談、必要な助言、指導などの実施 |
| 4.　協議会活動の推進に関する業務 | ・関係機関等（関係機関、関係団体、障害者等及びその家族、障害者等の福祉・医療・教育・雇用に関連する職務に従事する者など）の連携の緊密化を促進 |

※障害者総合支援法（令和6年4月施行）第77条の2に基づき作成
出典：「相談支援業務に関する手引き」（厚生労働省、2024年）25頁

　また、障害者福祉分野の総合相談の機能を持っている機関であることからさまざまな社会資源の情報も集まってきます。8050家庭の支援の中で障害のある人や障害の疑いがある人を支援する際の連携先として協働していくことが考えられます。

### ③指定特定相談支援事業

　8050家庭を支援する中で、「50」に病気や障害があり障害福祉サービスの利用を希望する場合は、指定特定相談支援事業の相談支援専門員が関わることにより、障害福祉サービス等の調整が実施されます。サービスを利用する本人や家族にどのようなニーズがあるのか確認し、必要とする障害福祉サービスをコーディネートする機関です。障害福祉サービスの利用が8050家庭の問題解決に必要な手段となることもあることから、指定特定相談支援事業の相談支援専門員との連携も考えられます。

### 表2　他分野における支援機関

| 指定特定相談支援事業 | 障害者総合支援法第51条の20に規定<br>福祉サービスを活用しながら生活支援に必要な相談に対応<br>サービス等利用計画書を用いて、本人の生活の応援をしていく |
|---|---|
| 市町村障害者相談支援事業 | 障害者総合支援法第77条第1項第3号に規定<br>福祉サービスにかかわらず、生活している中での困りごとなどの相談に対応<br>地域にある資源を活用しながら本人の生活を応援していく |
| 基幹相談支援センター | 障害者総合支援法第77条の2に規定<br>障害のある人が地域で生活していく中で必要な地域づくりや複合的な課題を抱える障害のある人を支援する相談支援専門員のサポートを行う |
| 生活困窮者自立相談支援事業 | 生活困窮者自立支援法第5条に規定。<br>就職や住まいに関する問題や家計管理がうまくできないなどにより、生活困窮の状態にある人の相談に対応<br>ひきこもり状態にある本人や家族、関係者の相談へ対応 |

著者作成

　ここまでは各分野における支援機関を紹介しました。繰り返すようですが、各自治体により相談支援体制については違いがあります。自身の地域や圏域ではどのような相談支援体制が作られているのか把握しておくことにより、必要時に連携先として協働することができます。8050家庭の支援では、「80」への支援、「50」への支援といった両面からの支援の検討が必要となる場合が多く、複数の支援機関による協働体制が問題解決につ

ながります。このことから日頃から自地域の関係機関とつながり、地域課題を共有しておくことにより、連携が必要な時にスムーズにつながることができます。

## ⑵ 地域で連携する社会資源

### ①市町村社会福祉協議会

　「80」の支援を行うケアマネジャーや「50」側の支援機関が行う情報収集では、地域の力を活用する場合が多くあります。8050家庭を支えるための地域の情報を得るために、自治体の社会福祉協議会と連携することにより、地域の中の生活者視点の情報が役立つことも多いです。また、こうした情報がアセスメントのための判断材料につながる場合もあります。個人情報の取扱いには十分配慮し、地域の中の情報や協力者とのつながりを活用していくことも、8050家庭を支えていく中では必要になります。

　また、「80」と「50」に関する情報収集からアセスメントを行い、具体的な支援が検討される段階においても、地域の力を活用する場合が多くあります。例えば、「80」を自宅以外の活動できる場所として、地域のサロンに案内したり、「50」が働くきっかけとしてボランティア活動に参加するといったケースが考えられます。地域住民やボランティア、地域のサロン活動などの社会資源に関する情報は、自治体の社会福祉協議会に確認することで得ることができます。ここでも地域の社会資源については、自治体により違いがありますので、日頃から自地域の社会福祉協議会とのつながりを持ち、地域の力について情報交換しておくことで、協力者の支援の幅を広げることができます。

### ②ひきこもりの専門機関

　社会的ひきこもり者の増加に伴い、各都道府県にてひきこもり専門の支援を行う専門機関である「ひきこもり地域支援センター」が設置されています。ひきこもり地域支援センターでは、社会福祉士、精神保健福祉士などの資格を持つ支援コーディネーターが中心となって、相談支援や地域における関係機関と連携した支援を行っています。2021年4月現在すべての都道府県・指定都市に設置されています。

※ひきこもりの専門機関等の情報

厚生労働省「ひきこもりVOICE STATION」（https://hikikomori-voice-station.mhlw.go.jp　2024年5月2日著者確認）

### ③地域若者サポートステーション

　「50」の支援を検討していくにあたり、「50」の就労に向けた支援を視野に入れた場合、生活困窮者自立支援制度や障害者総合支援法のサービス以外では、地域若者サポートステーション（愛称：サポステ）という機関も考えられます。地域若者サポートステーションでは、就労に向けたさまざまなプログラムや取り組みが実施されています。地域により設置されている地域と設置がない地域がありますが、設置されている地域以外からの利用も可能です。「50」の支援機関がこれに関する情報を持っている場合もあるため、社会資源としての活用が考えられます。

### ④こころの相談窓口（保健所・保健センター・精神保健福祉センターなど）

　自治体により名称や設置窓口が異なりますが、精神疾患がある人やひきこもりの問題を抱える家庭などへの対応において、助言や協力などを受けることができます。本人や家族の相談だけでなく、関係機関からの相談にも対応することからケアマネジャーやその他の支援機関のバックアップとして連携できる機関です。

### ⑤医療機関

　「80」のアセスメント、「50」のアセスメントを進める中では、個人の疾病・障害に起因する問題に加え、8050家庭全体が抱える問題が個人の疾病や障害の状態を悪化させてしまう場合もあります。本人がその状態に困り、医療機関を受診する意思が確認できれば、医療機関と連携することにより、問題解決へつながる場合もあるでしょう。医療機関への受診を検討するにあたっては、まずは本人が自身の不調を理解し、受診に了解しているかどうかに留意する必要があります。支援者側の思いや考えを優先して受診に結びつけようとすることにより、受診につながらず、本人との信頼関係を壊してしまい、後々の相談支援に悪影響をおよぼす可能性があることも理解しておかなくてはいけません。

　受診の了解が得られた場合は、本人の状況を理解する観点から本人の同

意を得て、受診に同行することで主治医から医療的な視点での助言が受けることができます。さらにさまざまな制度やサービスの利用を考えた場合、利用にあたって医療情報が必要となる場合もあるため、医療機関とのつながりも持っておく必要があります。

## ⑥法テラス・市町村における法律相談

　法テラス（正式名称「日本司法支援センター」）とは、「司法制度改革」の三本柱の１つであり、国民向けの法的支援を行う中心的な機関です。法務省所管の公的な法人として、"全国どこでも法的トラブルを解決するための情報やサービスを受けられる社会の実現"という理念の下に、2006年４月10日に設立されました。

　8050家庭を支援するにあたり、福祉の視点や医療の視点だけでは対応が難しい場合もあり、法的な視点での整理が入ることにより、問題解決に向けた新たな選択肢が生まれる場合もあります。例えば、多重債務などの問題を抱える家庭や認知症の親や障害のある子の成年後見制度の利用を検討するケースの支援では、連携することが考えられるでしょう。経済的な問題等により、法律相談に躊躇してしまう場合もあるかもしれませんが、法律相談を受けるための支援制度が適用される場合もあるため、必要に応じて弁護士や司法書士等の司法関係の専門職との連携を考えていくことも必要です。

## ⑦警察

　8050問題において、警察が介入するケースは多くはないかもしれませんが、虐待等の本人や家族、周囲の人を傷つけてしまうような状態がある場合やそうした状態が想定される場合には、警察へ相談し対応を協議する必要があります。状況によっては、警察と連携した動きが求められる場合があるということも視野に入れて関わっていく必要があります。

　8050問題は、ケアマネジャーや介護保険サービス、「50」の支援機関が連携し、具体的な支援を進めていきます。

　支援の過程ではフォーマル、インフォーマルの社会資源を活用し、複数機関による連携した支援が問題解決のカギになる場合があります。連携が

必要となる社会資源は、本人や家族の状況に応じ変化し、地域の社会資源の形も地域により違いがあります。ケアマネジャーは本人や家族の状況に合わせた社会資源を選択し、連携していくことになります。一方で、8050家庭を支援する上で社会資源を活用するタイミング等については、しっかり検討し、関係機関と情報共有した上で活用していく必要があります。

　さまざまな法制度に基づく社会資源の情報を、ケアマネジャーが全て細かく把握しておくことは困難です。こうしたことからケアマネジャーは、地域の中で情報を持っている機関や人がどこなのか・誰なのかを把握しておくことで、必要な社会資源へアクセスできるようになります。上述した社会資源は、8050家庭を支える上でさまざまな情報を持っている機関といえます。8050問題の解決のためにはさまざまな問題や課題を解決する必要があり、経験や力のあるケアマネジャーであっても高齢者福祉の力のみで解決していくことは困難です。こうしたことからケアマネジャーは、複数機関によるチームを機能させて問題解決を図っていく必要があります。

# Chapter2

# 「8050問題」支援のゴールとは?

## 1.「80」と「50」の支援における最適解を探す

### (1)「80」と「50」それぞれの支援がある

　「8050問題」では、「80」と「50」と「8050家庭」が有するニーズへの支援ゴールが想定されます。親や子など家族を構成する個々人が有するニーズはライフステージの変化によるものや障害や病気などが原因である場合が多く、そのことに対するアセスメントが必要となります。また、家庭としての集合体が有するニーズは家族の関係性や家庭の成り立ちなどを総合的に見ながら、十分な時間と多職種における連携を前提として、最適解を探す必要があります。

### (2) 支援の最適解を探すために

#### ①家族等の状況を基軸にした支援
ア　家族全体を見る視点

　ケアマネジャーは、地域で暮らす当事者のニーズに合わせながら活動をする中で、家族全体として抱えるニーズや問題に出会うことが多くあります。8050問題を抱える家庭もその1つです。他にも、虐待、育児不安、家族の高齢化による介護負担など、家族の関係性や感情などにより、複雑さを増すことは決して少なくありません。

　例えば、「他人に迷惑をかける」「これ以上は贅沢だ」「家族だから頑張るべきだ」などといった家族としての遠慮や価値観により、さらに潜在化に拍車をかけることがあります。いつかは回復し好転するだろうと期待し続けていた結果、長い期間が過ぎていることもあります。勇気を出して相談機関を訪ねたけれども、嫌な思いをしただけで、なにもよい経験ができなかったことなども、家族だけで抱え込んできた1つの原因といえます。

そのため、実際の支援の場面では障害者や高齢者など個人への支援だけにとどまらず、家族全体が支援対象者となっている場合が多く見られます。個人と家族に起因した生活上の問題から始まり、生活環境の悪化といったマイナスのスパイラルに陥ってしまっていることがあります。だからこそ、個人と家族全体を見るような視点で、生活全体を見渡し、家族等の状況や環境をふまえた支援を行うことがとても重要となります。

イ　家族関係への配慮

　このような家族に支援者が出会う場合、家族の中の個人の相談や支援から関わることが一般的です。そのため、高齢者や障害者など当事者個人の問題からアセスメントを始めてみると、家族として有するニーズにも気づき、その結果、家族全体をアセスメントする必要性が生じることがあります。これは子どもの成長や親の高齢化など、それぞれのライフステージごとに生じる個別の問題が、家族の関係性などにより状態が複雑化したり、重篤化したりするからです。そのような状況下では、個人のニーズに応えることができても実際の支援効果が半減し、的を射ないことがしばしばあります。そのため、家族の関係性は、当事者を支援する上で重要な環境因子の１つといえるでしょう。言い換えれば、家族を支援や介護の基盤として、そのまとまりを安易に崩さず、関係性を悪化させないことが重要といえるかもしれません。

　例えば、障害のある子どもが成長して学齢期を終え、社会に積極的に出る時期を迎えているのに、社会参加がままならない場合などが考えられます。このようなケースでは、「家族としての遠慮」などにより、問題が隠され、その結果、深刻化することが考えられます。結果として、家族がSOSを誰にも発することができずに障害者を抱え込んでしまうことで、親の自己肯定感は低くなり、他者に期待することが少なくなることにつながります。

ウ　新たな家族の歴史を形成していくお手伝い

　こうしたケースでは、支援者と巡り会ってもすぐに信頼関係は生まれにくいため、丁寧に時間をかけて説明し、当事者と家族のペースを見極めながら支援を組み立てることが求められます。支援者と出会い、新たな経験

や情報を得ることで、当事者や家族にわずかでも何かを変えていこうとする前向きな姿勢や行動変容が認められることを目指して、支援を進めましょう。言い換えれば、新たな家族の歴史を形成していくお手伝いをすることになるのです。責任も重くなりますが、支援者としてのアイデンティティを感じ、やりがいにもつながります。

　先にも述べた通り、特に高齢や障害など個人が有する問題から家族が影響を受け、大きな問題が生じている場合、心理的な対立も生じていることが多く見られます。そのような理屈ではなく感情が先に立っている場合には、その対立関係を修復することや解決することだけに注力するのではなく、対立する気持ちを受け止めながら、家族が力を合わせることで新たなことにチャレンジしていくような気持ちの醸成につなげる支援も必要となります。感情的になり反目しているような家族であっても、いつかは一番の理解者、支援者となるといった可能性を常に意識した支援方法を模索しましょう。そうすることで、家族全員が新たな気持ちで自分の生活を調整し、家族の絆を意識し、さまざまな役割や新たな経験が生じることから、家族の形が作られるきっかけが生まれるのです。

## ②レッテルを貼るようなアセスメントを避ける

ア　レッテルを貼ることで画一的な支援になりやすい

　8050問題では、高齢者とひきこもる状態にあるような子どもが、さまざまな問題を抱えながら暮らしていることが安易に想像できます。ただし、このような家庭に支援者として巡り会ったときに、「8050家庭だ」と安易にレッテルを貼って、支援方法等を検討していくことは、後々の支援に影響を与えますので注意が必要です。また、レッテルを貼ることで支援方法が画一的になり、支援がうまくいかない場合、その責任が家族に押し付けられやすくなります。

　8050家庭における生活の問題は、「80」の状態、「50」の状態、疾病や障害の有無、資産状況、支援者の有無、地域との関係性など、多岐にわたる原因が複雑に絡み合っています。そのため、ひとくくりにされた標準的な支援方法ではなく、当事者のペースに合わせた柔軟性のある支援が必要です。

イ　一人ひとりが生きてきた歴史は大切

　一方で、出会った時点では問題を多く抱えていても、家族全員が必死に生きてきた結果であると捉え、当事者を尊重し、謙虚な姿勢で関わる必要があります。具体的には、8050家庭であるという先入観を持たず、当事者の話をすべて、その人の主観をベースとした1つの歴史や物語と理解しましょう。それが本当かどうか、その時点ではわからなくても、聞き手がポイントを抑えてアセスメントしていくことが非常に大切となります。一方で、問題の責任を家族だけに求めていくような対応やアセスメント姿勢は、ケアマネジャーの行動ににじみ出て、当事者に感じ取られ、結果として信頼関係を築くことが難しくなることにつながります。

　ケアマネジャーは高齢者の支援については経験があり、自信が持てるものの、子が30代〜50代と成年期や壮年期であったり、障害や病気の情報があったりすると、途端に難しく考えてしまう傾向があるように思えます。人が人を支援することに共通項は必ずあるので、あまり難しく考えず、支援者側の弱さも意識しながら、人の可能性を信じて支援しましょう。現在がどういう状況であっても、一人ひとりが生きてきた歴史は大切にし、現在の状況に至ったその理由を尊重するように心がけることが大切です。

　また、「80」に認知症の症状が見られる場合でも、生活が何とか成り立っているならば、自尊心に配慮しつつ、認知症から発生する問題だけに焦点を絞らず、総合的なアセスメントを行いましょう。つまり、「現在できていること」にも注目し、可能性を見出すことが重要です。

　例えば、認知症で短期記憶が曖昧な人でも、支援者が繰り返し自己紹介をしたり、直接関わったりすることで、名前は覚えられなくても顔を見れば安心してもらえるようになり、信頼関係を築くことができたケースがありました。前述のように、丁寧に時間をかけることで当事者の有している可能性を伸ばし、支援が円滑に進む基盤ができたのです。もし、「認知症だ」というレッテルを貼って、画一的に対応していれば、生まれなかった関係性でしょう。

　これはひきこもる「50」に対しても同様で、いきなり面会したり、ひきこもることを解消させる方法を考えたりせずに、ひきこもる原因につい

て、丁寧に時間をかけてアセスメントをすることが重要です。自分が誰なのか、何のために訪問しているのかを説明し、会うことができなくても定期的に通い、現在の状態を肯定的に捉え、ひきこもる原因を推測していくことから始めましょう。言い換えれば、個人と家族、環境が有する価値を信じることで視座が高まり、その可能性を伸ばし広げることにつながります。目先の情報だけでなく、その後ろに隠れている物を見る、探るような視点で、資料や情報で知った状況の背景を予測して、原因が何なのかを多角的に検討することが重要なのです。

　したがって、「認知症」＝「一人暮らしは難しい」とか「ひきこもり」＝「うつ病」などのレッテルを貼らないことで、個別性が高まり、効果的な支援につながります。人それぞれに有する価値を認め、個人の権利や家族が負うべき義務など、人間性を重視し、優しい視点で見ることが、非常に複雑な状況を理解するきっかけを見つけることにつながります。

### ③状況を理解するための情報・知識を持つ

　複雑な状況を理解するためには、情報や知識を持っておくことが必要です。例えば、人の発達について基本的な知識を学んでおくことが有用です。人の発達の特徴などを知っていれば、ひきこもる子どものズレが見えてきます。また、その人物像も見えてきます。正常な範囲にはどういうことがあるか、起きている問題は発達上のことなのか病的なことなのかなどの検討に役立ちます。青年期には、精神的に揺れる人が多い傾向があり、なぜ自分が揺れるのかわからず、さらに混乱する人も多くいます。

　さらに、その人の育ちは非常に重要です。育ちを見ることで個人が明らかになります。厳格な両親、家庭で育てられてきたのか、放任的な両親、家庭で育てられてきたのかで、有する性格や価値観を推測しやすくなります。親のこれまでの関与の仕方や育ての容易さ、家族への適応度、規則を守る能力など、育ちや職歴を総合的に捉えましょう。また、子どもや家族の問題に関与してきた機関や事業所などがあれば、時系列でその経緯を追うことで、どこで課題が生じているかが見えてくることがあります。

　そして、入院や病気時の検査結果、家計簿などのデータが利用可能な場

合には、数値によって実情を確認することも重要です。精神障害などの病気に関しては、医療との連携が極めて重要であり、対応方法が個々に異なるため、時には主治医からの情報収集も必要となります。得られた情報は、支援者全体で共有することも忘れずに行いましょう。それでもなお行き詰まった場合は、グループスーパービジョンや事例検討を通じて、支援者以外の他者による新たな視点から問題にアプローチすることも必要となります。

### ④当事者のニーズを探求する

次に、当事者や家族が抱える問題やニーズを探求し続けることも非常に重要です。人の生活には多かれ少なかれ問題がつきものです。病気や経済的な問題、老後の不安など、その問題は多岐にわたります。人はさまざまな問題を抱えながらも、どこかで折り合いをつけて生きていくものです。その折り合いをつけることにおいて、支援者は寄り添いつつ、その人の生活をサポートしていくことになります。すべての問題を解決することだけが責務ではないのです。

そこで重要なことは、拙速なアセスメントや支援方針の決定は間違いを起こしやすいということです。一見すると、支援者からは非常に不合理な生活状態に家族が置かれているように見えても、すぐに新たな提案や現在の生活を否定することは差し控えましょう。

例えば、加齢にともなう日常生活上の変化は緩やかに生活全体を支配していきます。そのため当事者は、加齢に合わせゆっくりと生活の仕方や習慣を変えていきます。調理や入浴、掃除など家事の手間を省き、いつしかそれが当たり前となり、非常に不合理な生活状態が形成されてしまうことがあります。その不合理さを、当事者や家族は自覚していないことも見受けられるでしょう。その状態の原因を正しく理解せず、拙速な評価や判断に基づいて、その状態を否定したり、修正したりすると、家族の生き方を頭から否定することになりかねないので注意が必要です。

ただし、虐待等の人権侵害が生じている場合は別と考え、行政や警察などの適切な機関に相談し、その状態の解消に向けた介入が別途必要となります。

## ⑤チームの目指すゴールの設定、共有

　ケアマネジメントにおける、チームの目指すゴールの1つは当事者やその家族が希望する生活の実現に向け協力、協働することです。当事者を中心としたケアマネジメントにおけるチームメンバーは、それぞれの立場から当事者のニーズを充足するゴールを目指すことになります。また、当事者やその家族が希望する生活の実現のためには、地域にある社会資源を調整して、利用者や家族が、その生活をできるだけ自分たちで持続できる環境を作り、破綻させないということも重要です。

　例えば、親が子どもの養育ができない場合や生計を維持するための賃金を得ることができなければ、家庭は崩壊します。しかし、この役割、機能を公的なサービスや扶助で代替えすることができれば、家庭崩壊は防げる可能性が高まるということです。

　したがって、質の高いケアマネジメントで重要なのは、利用者や家族の状況に合わせて選択肢を幅広く提案し、社会資源を調整することにあります。8050問題では、問題が深刻化かつ長期化していることも多くあるため、当事者や家族が望む生活像がわからなかったり、うまく共有できなかったりする場合もあります。ケアマネジメントを通じ、QOLを維持・向上させる具体的な方法を、利用者や家族が判断できるように提案するということが、質の高いケアマネジメントにつながることになります。

　8050家庭の支援では、個人のADL/IADLといった視点による日常生活の改善だけでなく、家族のまとまりや関係性を保つことが将来の支援をできるだけ低減し、自律的な生活を続けることの基盤となります。そのため、直接的な支援だけに留まらず、当事者や家族で協力できる環境を整え、生活することに前向きな気持ちを保てるようにすることが問われます。つまり、公的なサービスを活用するとともに、個人や家族が持つ力を引き出すことで、バランスの取れた効果的な支援となり、生活の質が高まることが最大の目標となります。

　そのため、「家族のまとまりを保つ」というゴールも、ケアマネジメントにおいては非常に重要なものとなります。特に8050問題では、家族全体が抱える課題やストレスが複雑に絡み合っており、短期間での介入は難

しい場合が多くあります。したがって、家族のまとまり、関係性が保たれることを第一に考え、まずは最低限の介入から始め、気が熟したタイミングで新たな介入をすることもしばしば見られます。

## ⑥家族のまとまりを保つためのアプローチ

ここで、ケアマネジメントにおいて「家族のまとまりを保つ」ゴールを達成するためのアプローチや考慮すべきポイントを考えてみましょう。

### 【その1　コミュニケーションの重要性】

家族内のコミュニケーションが円滑であることは、家庭の安定に大きく寄与します。ケアマネジャーは家族との信頼関係を築き、オープンで適切なコミュニケーションを促進することが求められます。家族がお互いに思いやりを持ち、感情や意見をシェアできる環境を整えることが重要です。

具体的には、家族間の話し合いに支援者が立ち会うことで、感情的なコントロールができる場合などが想定されます。

### 【その2　家族全体の視点】

家族全員が支援対象者である場合でも、家族の中での役割や関係性、課題を理解し、全体のバランスを考慮して、いまできていること、できる可能性があることに着目したアプローチが必要です。個別の問題だけでなく、家族全体の機能や調和を見ることで、新たな視点が生まれやすくなります。家族というまとまりは、支援のための基盤となります。

### 【その3　適切な情報や社会資源の提供】

家族のまとまりや関係性を強めるためには、適切な情報や適切な社会資源によるサポートを提供することが必要です。家族だけにせず、地域で孤立させないことが大切です。そのために地域のサービスやネットワーク、精神的な支援など、家族が求めるさまざまな面でのサポートを模索することがとても重要です。決して、1つの機関、1人の担当者で抱え込まず、家族を孤立させない支援を目指しましょう。

### 【その4　協力機関との連携】

長期的な支援が必要な場合、他の専門家や機関と協力し、継続的なサポート環境を構築することが効果的となります。医療、教育、心理カウンセリング、自治会や民生委員、町内会などの地域コミュニティや必要なサービ

スを家族単位で提供できるよう、日頃から連携体制を構築することで、前述の通り家族だけにしないことにもつながります。

## 【その5　予防的アプローチ】

　早い段階から問題に気付き、予防的なアプローチを導入することが家庭崩壊を防ぐ鍵となります。そのためには家族が抱える課題やストレスが深刻化する前に、的確なサポートを提供することが求められます。地域コミュニティにより、問題が深刻化しないよう日頃からの結びつきを意識しましょう。家族が望まない孤立が解消していくようなつながり作りを重視する必要があります。


　以上、これらのアプローチを通じて、「家族のまとまりを保つ」ことは、ケアマネジメントにおいて極めて重要な目標であり、具体的な戦略を検討し、家族全体が安心して生活できるようサポートしていくことにつながります。

## ⑦家族形態のバリエーションを知る

　近年、家族という概念も大きく変化しています。夫婦と子供という核家族の構成が主流であったものが、人口減少とともに大きく変化してきています。

　これまで主流であった「夫婦と子」からなる世帯は、2050年には少数派となり、単独世帯が約4割を占め、主流となることが推計されています。また、単独世帯のうち高齢者単独世帯の割合は5割を超えることになります（図1）。

　一方、親族、血族、婚姻などによる生物的な結びつきの人々といった概念から、同性婚などに見られるように精神的な結びつきによる人々の集まりも「家族」として認知されてきています。また、結婚、離婚、再婚などによる、元の家庭、離婚後の一人親家庭、再婚後の2つの家庭の混合など、結婚関係と親子関係には大きな影響があり、家族形態のバリエーションは大きく変化しています。高齢者の一人暮らし、結婚経験のない人なども増加していて、家族というものの定義と、そこに求められる機能にも影響があるものと思われます。

## 図1　世帯数の推移

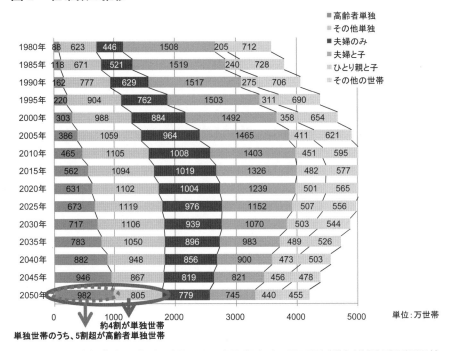

出典：「国土の長期展望」中間とりまとめ概要（平成23年2月21日国土審議会政策部会長期展望委員会）

　そのため、8050問題のように語られる、高齢者とひきこもる状態にあるような子どもがいる家庭についても形態はそれぞれの家庭において異なり、複雑であるため、明確な定義づけは難しいでしょう。前述したようなそれぞれの家族によって適切な支援を考える等の留意が必要となります。

　ただし、家族の形態は変化していても、その役割や機能は今後もあまり変化することはなく、概ね普遍的であるのではないかと考えられます。なぜならば、依然として家族は社会の基本的な単位として位置付けられ、経済的な生産や消費、出産、育児、教育、社会との関わりなどの機能や役割が求められているからです。

　以上のように、ケアマネジャーをはじめとする支援者は、個人と家族をしっかりと認識し、個別の問題や感情、相互関係など、しっかりと時間をかけたアセスメントを基盤としながら、支援を進めていきます。その結果、

短期に集中的に関わる問題と慢性的で長期的に関わる必要がある問題とを
整理し、家族と環境相互に注意しながら、支援方針を関係者で共有するこ
とを心がける必要があるのです。

# Chapter3

# 多職種との情報共有、状況確認

## 1. 多職種間のやり取りを促進するケアマネジャーの チームマネジメント

### ⑴ 地域で関わる人を増やす

#### ①「8050問題」では多くの支援者が必要

　8050問題のような複雑で多岐にわたるニーズを有するような家庭の支援には、多くの支援者が必要です。なぜならば、このニーズを荷物に例えて考えると、8050問題のような複雑で多くのニーズを抱えている家庭には、荷物（ニーズ）がたくさんあり、形状や重さもまちまちで1人の支援者だけで、簡単に持つことはできないからです。一方で、多くの支援者それぞれが小さな荷物（ニーズ）を1つずつ、本人の代わりに持ってあげるということであれば、簡単にできるかもしれません。だからこそ、8050問題には多くの支援者が必要となるのです。具体的には多職種間でチームを作り、支援を進める過程において得られたアセスメント情報を検討し、導き出された支援方針に基づいて支援が開始されることが理想的です。

#### ②ミルフォード会議での問題提起

　しかし、チームが組まれた初期においては、専門性や意見の違いから起きる対立や葛藤、緊張などのメンバー間の衝突が顕著になることもあります。

　そのため、以下のような実践的な問いを参考に、このことを少し考察してみましょう。ここでは、1920年代のミルフォード会議で示された、「専門職の価値基盤に関する問題提起」を取り上げたいと思います。この問題提起は、約100年近く経った今でも私たちケアマネジャーを含むソーシャルワーカーが実践でぶつかる壁や迷いの意味を問いかけているとともに、ケアマネジメントにおけるチームを作り、促進することにも通じる、きわ

めて大切な問いかけになっているように思われます。

> **■ミルフォード会議での問題提起**
> ・クライエントが家族に対して負う義務とは何か
> ・家庭が離散しないよう、維持に向けて努力すべき状況として、どのような場合が考えられるか
> ・家庭を壊してしまった方がよいのはいかなる状況か（すなわち、個人、集団、社会のどのような価値が関わるか）
> ・ソーシャル・ケースワークがクライエントの秘密保持の権利を制限すべき場合があるとすれば、それはどのような状況か
>
> 出典：ブレンダ・デュボワ、カーラ・K・マイリー著、北島英治監訳、上田洋介訳「ソーシャルワーク——人々をエンパワメントする専門職」（明石書店、2017年）146頁

　この中でも特に家族、世帯全体を支援する場合における、「家族に対して負う義務」「家庭が離散しない」「家庭を壊してしまった方がよい」などの問いは、支援方針や支援方法を判断する上での難しさに通じています。この専門職の価値基盤に関する問題提起は、普遍的な問いかけになっており、時代が変わっても現代のソーシャルワーカーが悩み、葛藤している現実は変わっていないことがわかります。

　また、ここに示されている問いには単一の正解がなく、ましてやマークシート方式の回答のように選択肢はありません。いずれの問いも、個人の有する価値や社会的な状況などで常に変化するのです。

　そのため、たくさんの荷物や1人では持てない大きな荷物のような、複雑で多岐にわたるニーズを有する家庭の支援では、できるだけ地域の支援者を広げ、増やしていくような思考や行動が求められていきます。1人の支援者、1つの支援機関で抱え込むのではなく、関わる人を増やすことで役割や責任を明確にして、当事者やその家族と向き合うことになります。

## (2) 精度を高めたアセスメントを行うことの意味

　対象となる8050家庭を支援するために集まったチームによる連携を推進するためには、まずその家庭の傾向と特徴を理解することが重要となり

ます。そして傾向と特徴を理解するためには、精度を高めたアセスメントを行う必要があります。アセスメントの方法や順序に捉われず、まずは多職種連携の環境を整え、各組織、専門職が有している情報や見立てを確認し、家庭へのアプローチ方法や手段を準備することが有用です。いきなりさまざまな機関や関係者がアセスメントのためのアプローチをバラバラに行うのではなく、支援方針や計画性を持って対象となる8050家庭にアプローチをすることが重要です。同じ情報を得るために何度も同じことを聞いたり、答えたくないことを何度も尋ねたりするようなことがないように、「80」と「50」の負担を減らしながら、信頼関係を作るようなプロセスが求められます。また、このように支援方針や計画性を持ってアプローチしても、得られない情報があることを前提にし、時間をかけながら謙虚な姿勢で望むことも必要です。

　そして、この取り組みにより得られたアセスメント情報をもとに、支援会議等を重ねることで、関係者の連携が促進され、支援環境が整備されていきます。その結果、「80」と「50」にとっては安心して相談できる支援者との信頼関係が増していくことにつながり、8050家庭が支援者と主体的に連携・協働し、現状を変えていく相乗効果が生まれる可能性も高まります。また、どの職種や支援者がどのような役割を担ってくれるかを理解することで、SOSや相談がしやすくなり、予期せぬ問題や急な事態が生じても、レスポンスよく対応ができ、問題発生の予防的効果も高まるのです。

### ⑶ 専門性の違いを尊重した支援のあり方

　しかし、冒頭でも触れた通り、多職種が連携しチームでの支援を進める上では、同じ情報や状態を見聞きしても見解に相違が生じ、対立や不安、緊張などのメンバー間のコンフリクト（衝突）が生じることもあります。特に支援開始に至る前の段階では、得られている情報が少ないことなどから、目的は同じなのにコンフリクトが起こりやすくなります。

　例えば、次のような場合を考えてみましょう。

ある日、グループホームに暮らす重度の認知症を持つ人が、足を骨折して入院し、手術を受けた。その人は、コミュニケーションについても支援が必要で、言葉だけの会話は成立しなかった。治療が終わり退院の時期を迎えたため、関係者によるサービス担当者会議が行われた。

　主治医は手術終了後にリハビリを行おうとしたが、本人が強く拒否したため自立歩行が行えず、グループホームでの生活は難しいと指示をした。看護師も医師の指示と同様の見解であった。

　しかし、グループホームのサービス提供責任者とケアマネジャーは、入院前の本人は、日常のさまざまな活動に意欲的な生活をしていたため、本人の意思は「リハビリを拒否した」という事実や情報とは違って、医師の「リハビリ」という言葉の理解がなく、その治療の意味を、本人が理解していないことによる拒否だったのではないかと結論づけた。

　このように同じ事実や情報から、医療関係者は回復のためのリハビリについて、当事者の「意欲がない」ので自立歩行できず、グループホームでの生活は難しいと判断しました。一方で、福祉職は当事者の持つ認知症により、情報の伝達や理解がうまくいかないことによる拒否であるため、情報伝達の方法を工夫することや置かれている環境を変えることで、リハビリができると判断しています。つまり、医療関係者と福祉職で、全く逆の支援方針が導きだされたことになります。

　この実践場面では、両者は時間をかけて丁寧な議論を行いましたが、平行線を辿り、最終的にグループホームは、本人が歩行できない状態のまま退院を受け入れました。入院中に周りが安易な代行決定を行うのではなく、最終的な居所の決定は先送りし、骨折前の生活環境にいったん戻して再考することにしたのです。グループホームに戻れば、ベッドや手すりなどの環境調整に加え、さまざまな日常生活場面へ連れ出すことで、当事者にとって強制的ではなく自然な形で、リハビリが行えると考えたのです。

その結果、退院後約3か月で、この人は自立歩行が可能となり、概ねけがをする前の状況に近い生活に戻ることができました。意思決定がわからない場合やできない場合には、代行決定はできるだけ後回しにして、本人の反応や行動を見ていくといったことが原則になることをあらためて学ぶことができる事例です。

この例における問題点は、前述した実践的問いと同様、支援の方向性を考える価値基盤が反映された多職種間の意見の相違であったように思えます。具体的には、治療やリハビリ・医療行為に重きを置く医療関係者の判断と生活に対する意欲や動機づけに重きを置く福祉職の判断の違いです。どちらも限られた情報や事実の中で下された判断で、どちらが良いか悪いかではありません。人や環境が変われば、同じような場面で医療関係者が示した方針に則った決定をする当事者もいるでしょう。

そのため、当事者自身がどのような思考や希望を持っているのか、丁寧に探りながら、最善の利益を関係者が推測する謙虚な姿勢が求められます。答えは当事者の中にあるのです。言い換えれば人の可能性や地域の可能性を信じる検討や行動が行えるかといったことになるかもしれません。「ひきこもる」状態を1つの専門性や立場から一律に否定せず、現況を受け入れざるを得なかった理由を探るような視点や関わりで引き出されてくる事実を尊重することが重要となります。

## ⑷ 多職種連携における心構え

### ①専門性を尊重し、お互いをバックアップする

次に多職種間のやり取りを促進するためには、お互いの専門性を尊重しながら、お互いをバックアップすることも重要です。地域には福祉職以外にも、医療職、心理職、教育職、保育職、法律職など、分野ごとに異なる高度な専門性を有する専門職がいます。日頃より、これらの専門職同士が顔の見える関係を作っておくことはとても有用だと考えられます。表1のように、既存の分野ごとで整備されている、地域調整機能（会議体など）をうまく活用しながらネットワークづくりをしていくことが重要となります。

**表1　各分野ごとの相談機関と地域調整機能**

| 分野 | 市町村計画 | 相談機関 | 地域調整機能 |
|---|---|---|---|
| 障害者福祉 | 障害福祉計画 | 基幹相談支援センター | （自立支援）協議会 |
| 高齢者福祉 | 介護保険事業計画 | 地域包括支援センター | 地域ケア会議 |
| 児童福祉 | 子ども子育て支援事業計画 | 子育て世代包括支援センター | 要保護児童対策協議会 |
| 生活困窮者 | 生活困窮者自立支援計画 | 生活困窮者自立相談支援センター | 支援調整会議 |
| 権利擁護支援 | 成年後見制度利用促進基本計画 | 中核機関 | 地域連携ネットワーク |

著者作成

　8050問題もそうですが、支援困難事例と呼ばれるような福祉の支援者が対応に苦慮している家庭の支援では、対象者の属性や状況により、介入や見守りをしていく機関はさまざまです。

　例えば、キーパーソンの死亡などにより生じる遺産相続から、生活問題などにつながっている場合には、司法書士や弁護士などの法律家とチームを組むことで、早期に問題解決をすることが期待されます。日頃より顔の見える関係（ネットワーク）を、分野ごとの既存の地域調整機能を通じて構築していれば、効果的で効率的な体制整備へとつながります。

　また、独居の高齢者に対する見守りなどが生じている場合には、地域ケア会議を通じた住民同士の助け合いや見守りなどを利用し、公的サービスの限定的で画一的な支援を超えたチームを組むことで、効果的な支援につながる可能性が高まります。

　このように、表1に示したような地域調整機能をうまく活用し、専門職や地域の住民と日頃から顔の見える関係性を作ることで、必要に応じて支援チームの中に加わってもらえるような仕組み作りにつながるのです。

## ②わだかまりを残さない

　一般的には「多職種連携」「多職種協働」など、どの専門性においても重要と言われて理解されていますが、時には同じ認識に立てずに、あきらめてしまうこともあるでしょう。それでも、その後のわだかまりを残さず、いずれかの機会にまた連携、協働できるといった期待を込めてお付き合いをしていきたいものです。一時の感情に流されず、地域の課題の中には、1つの職種では解決できない課題やニーズがあることを肝に銘じ、もし、とある1つの事例に対してうまく連携・協働が行えなかったとしても、また別の支援困難な事案に対して連携・協働の可能性を残しておく必要があるのです。

## ③コンフリクトが起きることは当たり前

　一方、前述した例の通り、専門性による立ち位置などの違いから、支援チーム内で対立や不安、緊張などのコンフリクトが起こることも想定されます。しかし、このコンフリクトは当然のことと捉えて当事者のニーズを中心にして、時間をかけ、支援チームを育てるような姿勢が必要です。多職種が各々の専門性を理解し、尊重しながら、自己の意見を伝えることが重要となります。あくまでも、当事者や家族の生活を各々の専門性による役割や責任を意識して、支えていくことが大切なのです。状況によっては、専門職同士の専門性が重なるような「のりしろ」的な役割分担も想定されます。「私たちの仕事はここまでです」といった紋切り型ではなく、「私たちはここまでやるので、あなたたちもここまでお願いできますでしょうか」といった、グレーゾーン的な部分を残しながらチーム支援を行うことで、連動性や柔軟性が生まれることになります。

## ⑸ チーム支援は常に流動的であれ

　多職種連携によるチームは常に流動的で、当事者や家族のライフステージに応じて変化することも前提としておきましょう。人は成長、発達していき、年齢を重ねるごとに思考や体力、選択などは変化していきます。また、それにともない、家族の関係性も変化していきます。

## 図1　時代に合わせた流動性のあるチーム作り

| | 措置時代のチーム<br>（求められている結果が限定的） | 介護保険時代のチーム<br>（求められている結果が高度） | 地域共生社会のチーム<br>（求められている結果が無限的） |
|---|---|---|---|
| | ← 画一化 | | 多様化 → |
| 成功の尺度 | 効率性・信頼性 | 安全性・品質 | イノベーション・発見 |
| 重要な知識や技術 | 福祉に関する知識や技術 | 福祉、保健、年金、医療<br>教育などの知識や技術 | 社会保障に加え、<br>社会保障以外の知識や技術 |
| チームの目標と過程 | 目標とプロセス、<br>連携には違いがない | 目標は同じだが、<br>プロセスや連携に違いがある | 目標とプロセスには<br>違いがあって良い |

著者作成

　例えば、とある家庭で、両親が60歳、子どもが30歳でひきこもっている状態であっても、何とか家族による生活が続けられているとします。その後、両親が80歳になり、高齢化にともない体力や収入が減少してきた時点で、子のひきこもりという問題が表面化し、外部の支援を頼ることになりました。外から見ればもう少し早く、SOSを出せなかったのかと簡単に思いますが、加齢や体力低下、病気などさまざまな要因により、そのタイミングはそれぞれ異なります。言い換えると「機が熟した」ともいえるかもしれません。本来であれば、当事者や家族が困りきった状態で関わるのではなく、問題が表面化する前に巡り会いたいものです。

　このように、タイミングはそれぞれで異なるため、支援チームも家族の人生や個々人のライフステージに応じて、また家族の関係性や構成員のライフサイクルにも合わせながら支援を組み立てていきましょう。これは、長期的な支援を要することが想定される支援では欠かすことのできない視点です。「共生社会」は待っていては実現できませんので、この認識に立ち早期発見ができる体制構築を進めましょう。

　また、人の生活は劇的に変容するというよりは、緩やかに変化していくことの方が多く、単純に右肩上がりに好転していくことばかりではありません。専門職の介入により事態が好転したとしても、うまくいくことで新たに、成功することへの不安が生まれたり、ちょっとした一過性の病気が

きっかけで、元の悪い状態に戻ったりすることはこれまでも散見されてきました。

そのため、紆余曲折、行ったり来たりしながら、良い方向に変化していくことを期待しながら、結果として長期間の支援が必要になることは珍しくありません。保育から教育、学校から就労など、家族の変化に合わせて、支援チームの関わりやメンバーも、家族を支援の切れ目や狭間に落とさないような、チーム体制を組み続けていく必要があります。そのような地道な取り組みを通じて、8050家庭を地域全体で考えていける体制を構築することで、「共生社会」の実現を目指しましょう。

ここでいう「地域づくり」の方法は1つではありません。多岐にわたるニーズに応え、逃げずに切磋琢磨することで、専門職や支援チームに力がつき人材育成につながります。そして、そのような人材育成や地域支援力の向上が、最終的には地域づくりにつながるといった好循環を生み出していくのです。


# 2. 連携における具体的な取り組み

ケアマネジャーは8050家庭を支援するにあたり、本人や家族との信頼関係を築くことはもちろんですが、連携する支援機関と信頼関係を築き、チームによる支援を意識していくことが重要です。これは本章のChapter 1でも触れましたが、8050家庭の支援では、普段から関わりがある高齢者福祉分野の機関だけではなく、これまで関わりがない、もしくは少ない機関とも連携しながら支援を進める必要があるからです。この連携のためには、いくつか注意・工夫すべき点があることに、留意しておきましょう。

## ⑴ 多職種多分野におけるルールの共有化

他の分野との連携を進める上で注意が必要なこととして、情報共有や支援の進め方がこれまでケアマネジャーが活動を行ってきた高齢者福祉分野とは違う可能性があるということです。本章のChapter 1では8050家庭を支えるための社会資源をいくつか紹介しましたが、「80」を支援する機関、

「50」を支援する機関の関わりは、それぞれ分野が違う機関です。そのため、お互いの分野において情報共有がどのように行われているのか、情報共有のタイミングはどのような時期なのかなどの実務に必要なやりとりを確認しておき、齟齬（そご）が生じることがないように調整しておくことが必要です。お互いの分野の歴史や制度の成り立ちなどには違いがあるため、どちらが良くてどちらが悪いということではありません。まずは、お互いの分野に違いがあるということを理解しあい、お互いの認識が一致しているか、確認しあうことから関係づくりを始めていく必要があります。

　日頃、関わる機会が少ない機関や分野との協働により、ルールや認識の違いについては「相手からの連絡を待っており動いていなかった」、「他の機関から情報が伝えられていると思っていた」、「○○という支援は当事業所では行っていない」などといった確認不足の積み上げにより、信頼関係を崩すことや場合によっては、支援機関同士が衝突する恐れもあります。こうしたことからチーム支援の司令塔たるケアマネジャーの役割として、新たに関わる機関や事業所とは、「ルールや約束に違いがある可能性があり、違う部分はお互いに確認し修正しながら進めていきましょう」という「一言」からスタートする気遣いが求められます。関係する支援機関との間でも共通認識を持ってもらうため、8050家庭を支えるチーム内のルール作りを確認し、チームを作っていきます。また分野による違い以外にも、地域が変わることにより、情報共有や状況確認の方法に違いが生まれる場合もあります。地域の社会資源の状況によっては、同地域で支援体制が作れないこともあり、他地域の支援機関と連携する場合もあるでしょう。こうした場合にも支援を開始する前にお互いのルールの確認や支援方針を修正しながらチーム支援を行っていくという「一言」確認をしておくことにより、複数機関における支援が進めやすい環境を構築していきます。これらを意識しながら関係構築を進めていくことが重要です。

## (2) 多職種多分野での情報共有

### ①各支援機関の動きの把握

　8050家庭の支援では、本人や家族、関係者からの情報を集約し、アセ

スメントを行い、支援方針を立て、チームによる支援が進められます。そのため支援を進めながら、新たな情報を収集し、関係機関へ状況確認し、必要に応じて、支援の再調整や再検討をおこなうケアマネジメントの手法を活用した支援が有効です。特に関係機関の役割や動きが本人や家族だけでなく、8050家庭を支える関係者の間でも明確となり、視覚化されることは、チームが同じ方向で支援を進めていく中で重要なことです。

　こうしたことからケアマネジャーは、ケアプランを作成するにあたり、介護保険サービスに関係する機関以外の支援機関の役割や支援もケアプランに反映させ、多職種多分野の機関による動きが全員で把握できるよう進めていくことが必要です。8050家庭の支援では、多くの場合、「50」を支援する相談支援機関と協働したアセスメントが実施され、ケアプランを作成していくことになります。双方が作成するケアプランには、分野を超えた機関の名称、役割、支援内容が入ることで、支援に関わる支援機関が同じ情報を持つことができます。その結果、情報共有や状況確認が視覚化され、モニタリング時の支援の検証にもつながっていくこととなります。

**②情報共有の場の設定**

　各支援機関は、「80」に対する支援の視点、「50」に対する支援の視点といったそれぞれの専門性で役割を持ち、問題や課題に対する支援を進めていきます。支援過程において、新たな情報が追加され、更新されていくことにより、当初把握していた情報を修正していくことも多くあります。このため更新された内容を共有するための場が必要です。

　ケアマネジャーは軽微な情報の更新や修正は電話やFAX、メールで伝達することができますし、最近ではオンライン会議等の、忙しく動く関係者でも時間が合わせやすく、情報共有がしやすいツールも登場しています。一方で、こうした電話やFAX、メール、オンライン会議に頼りすぎてしまうことは、チームとしての機能が低下することにもつながります。

　ケアマネジャーである皆さんの中には、さまざまな研修を受講している人も多くいるでしょう。ケアマネジャーに必要な更新研修なども定期的に受講すると思いますが、最近では研修会場に行かず、オンラインで受講する研修も増え、地域を忙しく駆け回るケアマネジャーには、知識を増やす

機会として参加しやすい環境となったとよく聞きます。その一方で、オンラインで研修を受講するだけでは、対面研修に比べて内容が深まらないという経験をされた人も多くいるのではないでしょうか。

　8050家庭を支援する関係機関での情報共有においても、便利なツールを使うことは良いことですが、それらに頼りすぎることにより情報共有の「温度」が下がってしまい、正確な情報が伝わりきらない場合もあります。全員を一度に集めることは難しいかもしれませんが、対面による会議もしっかり開催し、支援機関同士がリアルタイムで情報共有、情報交換する場を作る必要があります。現場で支援する機関の行き違いや支援状況の温度感の差を共有することで、自分が気付かなかった問題が、他の職種の専門性によって明らかとなる場合もあります。頻繁に実施することは難しくても、支援チームの関係性や支援のクオリティを高めるという目的においても対面による会議の機会も用意しましょう。

## (3) 多職種協働を強化するための取り組み

### ①複数の支援者でアプローチする難しさ

　本章では、8050家庭を支援する中では、「80」の支援者の専門性、「50」の支援者の専門性を生かし、双方からのアプローチにおける支援の重要性を伝えてきました。双方でアプローチする支援においては、考え方や支援方針が相反する場合などもあり、協働することに対する難しさを感じる場面があります。こうした場面において双方の機関では、「80」への支援も「50」への支援も共に重要であると認識しつつも、うまく進められないといった状況から多職種連携の難しさを痛感するでしょう。こうした問題は、8050問題のように支援対象者が複数存在するような支援の現場において、発生しうることといえます。

　このような場面においては、8050家庭を支える支援者として、支援対象者である親子が幸せに暮らしていくために必要な環境を作り、必要な支援体制を作るといった共通の目的を持っているという原点に立ち返ること、また双方の支援機関による支援は、「80」側、「50」側双方の支援において重要な存在であることをそれぞれの支援機関が強く認識することが

重要です。ケアマネジャーと「50」の支援機関がしっかり肩を組み、こうした問題に直面したチームへ一緒に働きかけることにより、支援機関をまとめ、連携で生じる問題を乗り越えていくことにつながります。こうした連携は、8050家庭の支援に特化したことではなく、支援対象者が複数存在するような支援においても有効な考え方といえます。

### ②共通認識を持つために

多職種多分野の支援者同士が共通認識を持ち、支援を進めていくということは、一朝一夕でできるようになるものではありません。もちろん、他の分野の支援機関と協働する機会が日常から多くあり、協力体制の基盤がすでにある地域においては、ケースを通した関わりによって共通認識を持ちやすい環境といえるかもしれませんが、日頃からケースを通した関わりが少ない場合は、お互いを理解し共通認識を持つためには、相当な期間と協働による支援経験の蓄積が必要となります。このため、地域の中で8050家庭への支援や多職種多分野協働による体制整備を意図的に進めていくことを考えることも重要です。

### ③地域における取り組み

ここで考えられる1つの取り組みが、地域の中で実施される多職種多分野の専門職や自治体職員との間で実施される勉強会です。

勉強会のきっかけとして、まずはお互いの分野の紹介や事業所における取り組みを紹介し合うような場は有効でしょう。また、地域で活動している中での悩みや課題を共有することで、その後に支え合う関係性が醸成されていくことにもつながります。さらに実践例の紹介や事例検討などを行いながら、専門職が見識を広げたり、力量を高めたりする取り組みになると、多職種多分野間の良い交流の機会になります。

このような取り組みを発展させ、8050問題という地域の共通課題に対し、他の分野から目を向けるきっかけにすることも良いでしょう。こうした動きは地域の中で中核となる専門職や自治体職員でその必要性を共有し、共通認識を持つことによって実現につながります。その実現に向けて、ケアマネジャーは高齢者福祉分野において中核的な存在として関わっていくべきです。地域で実施する勉強会において重要なことは、勉強会や事例

検討の機会を単発で終わらせるのではなく、定期的に継続して実施することです。可能であれば、各自治体で取り組まれている地域ケア会議（介護保険法）や協議会（障害者総合支援法）、支援調整会議（生活困窮者自立支援法）、要保護児童対策地域協議会（児童福祉法）など、各分野における部会やプロジェクトに位置付け、地域課題の検討や多職種連携の強化を目的とした取り組みとして要綱化することにより、自治体の理解が得られることや自治体の中での体制整備につながるでしょう（表1　各分野ごとの相談機関と地域調整機能（75頁）参照）。

　勉強会がお互いの事業所の会議室などで実施できるのであれば、他の分野の専門職がどのような環境で働いているのか理解が深められることにもなります。機が熟せばこのような活動を発展させ、支援者を支援することに焦点をあてたスーパービジョンの場が地域の中で整備されることになると理想的といえるでしょう。地域の専門職が分野を超えて顔を合わせる機会を継続的に持つことは、関係機関同士の顔と顔が見える関係を生み、支援者間で考え方を理解しあい、専門職としてのスキルを高め合うことにもつながっていきます。


　8050家庭の支援は、各地域の中で多職種多分野による連携がないと前に進めることができません。複数機関の支援では、支援者が多くなればなるほど情報共有や状況確認の難易度は高まります。さらに違う分野の専門職と一緒に進めていくということは、ベテランのケアマネジャーであっても難しいことです。

　チーム支援において司令塔の役割を果たすケアマネジャーは、地域づくりにおいても中核的な存在になります。地域の中での多職種による情報共有や状況確認がスムーズにできる地域にしていくためにも、ケアマネジャーへの期待は大きなものといえるでしょう。

[解説編]

第3章
···········································································

プロセス別「8050問題」
支援のポイント

# Chapter0

# 「8050問題」の支援の入り口を知る

## 1. 支援の全体像を把握するために

　第1章で指摘されているようにケアマネジャーが担当するケースにおいて同居している家族の問題に直面することがあります。利用者の夫や妻に介護支援が必要となったり、子どもが障害や病気を抱え支援が必要となったりするケースがあるかもしれません。一家が経済的に困窮しているケースもあるでしょう。家族全体が高齢化し、地域とのつながりが薄れてきている中、複合的な課題を抱える家族が増加しています。日々のケアマネ業務の中で、家族の問題についても目を向けることが増えてきているのではないでしょうか。

　8050問題は「80」への介護支援を機に明らかになることが多いため、居宅介護支援事業所のケアマネジャーは8050家庭の支援の入り口に非常に近い位置にいます。しかし、ケアマネジャーは高齢者への支援が専門のため、「50」の課題に取り組む際には、関係機関へつなぐための支援や連絡調整が必要となります。8050問題に直面したときにどこまで「50」側の問題にかかわっていくのか、またどのように対応し、適切な相談機関へつなげていけばよいのか迷うところです。

　本章では、8050問題ケースがどのように相談へつながり、その先にどのような支援が展開されるのかケアマネジャーの視点からケアマネジメントのプロセスごとに具体的な事例を交えながら解説していきたいと思います。

## 2. 「8050問題」における相談の入り口

　「80」の相談や支援から8050問題が把握され「50」の相談へとつながる流れ、「50」から相談につながる流れの両方について見ていきます。また、

どちらも相談につながっておらずにリスクを抱える家庭として地域から把握され、相談につながる流れについても併せて説明していきます。

## ⑴「80」側の入り口

8050問題の把握は、介護が必要となった「80」に対する相談や支援を通じて「50」の課題を発見するケースがかなりの割合を占めます。

### ①介護保険サービスの導入の際に・・・

高齢となった親が要介護になり介護保険サービスを必要とした場合、ケアマネジャーの支援を受けることになります。ケアプラン作成のためにインテークやアセスメントを行っている際に、「80」から同居の子どもの相談が初めて出ることがあります。「長年ひきこもっている子がいるのだが、どうしたらよいか」、「相談先はないか。働き口はないか」など、具体的な相談とまでいかなくても、愚痴や心配ごととして何げなくケアマネジャーに話すことがあるかもしれません。

また、アセスメントやサービスの調整などで利用者の自宅に何回か足を運んでいると、ずっと家にいる子どもの存在に気付くこともあります。利用者に子どものことを尋ねると「実は何年も前に仕事を辞めて家にずっといる」などと返答があるかもしれません。

このように、それまで外部とつながっておらず表面化していなかった8050問題がケアマネジャーの訪問により明らかになることがあります。

### ②介護保険サービスの提供中に・・・

「80」のサービス提供中に「50」の問題が明らかになり、相談につながるケースもあります。サービスが始まるとケアマネジャーや訪問介護、訪問リハビリや訪問看護など訪問系の介護・医療従事者は、自宅に何回も足を運ぶことになります。自宅への出入りを繰り返すと、自宅の中の違和感に気が付くことがあります。例えば、同居している子どもがいるらしいが、日中どこへも出かけていない、自宅にいる気配はあるのだけど、ほとんど顔を見たことがないなどが考えられます。あるいは、デイサービスの利用料を滞納している、生活用品がいつも不足している、料金の支払いの督促状が届いている等の利用者の生活が苦しくなっている原因として子どもが

関わっていることに気が付くかもしれません。

　インテークやアセスメントの段階において問題の把握ができなくても、サービスの提供が始まり定期的に訪問を重ねていくと、自宅の中の様子や家族の生活パターンがよく見えてくるので、家族の異変に気付く可能性は高まります。高齢者に関わっているケアマネジャーやホームヘルパーなどの訪問支援者は、同居の家族の諸問題を把握しやすい立場といえます。

●事例1
## ケアマネジャーとホームヘルパーが「50」の問題を把握した事例

　80代の母と50代の息子の二人暮らし。母は要介護2で近隣のデイサービスに通う。併せて週3回訪問介護も利用し、デイサービスへの送り出し等の支援がある。同居の息子は障害者手帳（療育手帳/中度の知的障害）を所持しており、発達障害の診断がある。精神科には定期的に通い、薬も処方されているが、障害者の相談支援や障害福祉サービスにはつながっていない。以前、日中活動の場である地域活動支援センター※に通っていたが、知り合いがいなくなってしまったため現在は通っていない。日中は特にあてもなく自転車で近隣を回っている。遠方に住んでいる実姉が時折来て、買い物やお金の管理などの支援を行っている。

　母のケアマネジャーやホームヘルパーは、障害のある息子が相談や福祉サービスにつながっておらず、日中ふらふらと自転車へ出かけることを気にしていた。また、息子は忘れっぽいところもあるため、きちんと自身の服薬ができているのか心配していた。

　ある日、母へ支援中のホームヘルパーが、自宅の廊下で倒れている息子を発見した。息子は「大丈夫」とふらつきながら自室へ戻っていった。ホームヘルパーは、姉へ連絡するとともに息子の状況についてケアマネジャーへ相談した。

※地域活動支援センター：障害者等を通わせ、創作的活動又は生産活動の機会の提供、社会との交流の促進等の便宜を供与する施設（障害者

ア　息子の状況の把握

　事例 1 は母の支援中にホームヘルパーが同居の息子の問題について把握
した事例です。これまで母と息子 2 人で生活してきましたが、母の要介護
度が進み、息子の面倒を思うように見ることが難しくなっていました。息
子は地域活動支援センターに通うことをやめてしまい、あてもなく自転車
で近隣を回っているようでした。また、ささいなことでイライラして感情
的になり大きな声を出すこともあったようです。ふらついて倒れていたの
は精神科より処方されていた薬の量が変更となった影響によるものでし
た。

イ　把握後の対応

　ケアマネジャーは、息子に障害があることを母や姉から聞いていまし
た。地域包括支援センターへ相談した後、障害者の相談支援機関を紹介し
てもらい、息子を支援機関につなぐことができました。

　その後、息子への支援がすぐに開始されました。相談支援専門員が通院
先の精神保健福祉士と連絡を取り、息子の自宅での様子を伝えた結果、す
ぐに受診となり服薬の見直しが行われました。息子が障害福祉サービスの
利用を希望したため、相談支援専門員は、息子へのアセスメントを行い、
精神科訪問看護の利用や居宅介護サービス、地域定着支援などの利用を調
整しました。

　その後、母のケアマネジャーと息子の相談支援専門員がそれぞれの情報
を共有しながら連携して支援を行っています。

ウ　支援の振り返り

　この事例は息子が何らかの社会活動や福祉サービスにつながっておら
ず、相談や医療などの必要な支援を受けていない状況でしたが、母への介
護支援中に息子の課題を把握し、すぐに支援につなげることができました。

　8050問題は、支援が必要である親子が社会的に孤立しており、問題が

表出していないため、相談や支援につながりにくいことを特徴としています。そのため、周囲の人間がいち早く問題に気づき、適切な支援につなげることが非常に重要となってきます。「80」への介護保険サービス等の実施中は、「50」の異変を感じることができる場であり、介護や医療の専門職が関わっているゆえに素早くケアマネジャーやその他の支援機関につなぎやすいといえます。

### ③地域包括支援センターへの相談

関係機関の中で8050問題について把握する機会が多いのが地域包括支援センターです。とある自治体におけるひきこもり相談窓口への相談経路を見てみると、ほとんどが家族からの相談ですが、関係機関からの相談については、半数が地域包括支援センターからの相談でした。また、東京都が実施したひきこもりに関する支援状況等調査では「地域包括支援センターが担当地区におけるひきこもりの状態にある方について把握しているか」の質問について277か所から回答があったうち「把握している・把握したことがある」との回答は9割に上っています（東京都『ひきこもりに関する支援状況等調査結果』（2021年4月）46頁）。

このように地域包括支援センターは、高齢者への支援の中で同居している無職やひきこもりの子どもに遭遇し、8050問題について把握する機会が頻回にあります。さらに居宅介護支援事業所のケアマネジャーからの8050問題に関する困難ケースの相談についても対応している状況です。

しかし、地域包括支援センターも「50」支援の専門機関ではないため、8050家庭への介入の際は障害者福祉分野などとの連携を図り、ひきこもっている「50」を必要に応じて障害者相談やひきこもり相談などへつなげていきます。

また地域包括支援センターが8050家庭を把握し、「80」に介護支援が必要な場合は居宅介護支援事業所につなげていくことになります。

ケアマネジャーが支援に困ったときは、担当地区の地域包括支援センターに相談することが基本となりますので、日ごろからの連携を深めていきましょう。

## ④医療機関から

　医療機関において8050問題が把握され相談につながることもあります。「80」が定期的な受診や病気、けがなどで入院した際などに、医療ソーシャルワーカーなどへひきこもっている「50」のことを相談する場合があります。医療ソーシャルワーカーは、必要に応じて患者である「80」へ相談機関を紹介したり、担当しているケアマネジャーや地域包括支援センターへつないだりします。

　また、「80」と「50」が一緒に精神科を受診しているケースなどは、家族支援の必要性から医療ソーシャルワーカー経由で多機関の支援へつなげることがあります。

　そのほか、自宅へ訪問している訪問看護やリハビリ等の訪問系の医療従事者は、ホームヘルパー同様、「80」への関わりの中から家族の問題に気付きやすいといえます。

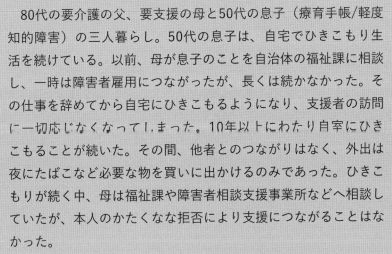

**●事例2**

### 医療機関が8050家庭における
### ひきこもりの息子との関わりをもった事例

　80代の要介護の父、要支援の母と50代の息子（療育手帳/軽度知的障害）の三人暮らし。50代の息子は、自宅でひきこもり生活を続けている。以前、母が息子のことを自治体の福祉課に相談し、一時は障害者雇用につながったが、長くは続かなかった。その仕事を辞めてから自宅にひきこもるようになり、支援者の訪問に一切応じなくなってしまった。10年以上にわたり自宅にひきこもることが続いた。その間、他者とのつながりはなく、外出は夜にたばこなど必要な物を買いに出かけるのみであった。ひきこもりが続く中、母は福祉課や障害者相談支援事業所などへ相談していたが、本人のかたくなな拒否により支援につながることはなかった。

　母は自分の通院先の医療ソーシャルワーカーにも、息子についての悩みを相談するようになっていた。医療ソーシャルワーカー

は、母を通じて息子へ受診を勧め、新型コロナウイルスのワクチン接種や息子が気にしていた目の病気（白内障）などについて情報提供を行った。

　息子は新型コロナウイルスの感染拡大で世間が騒然となっており、ワクチンを打たなければならないと不安に思い、母とともに通院した。これまで行政や福祉関係者の言葉がけには、全く反応していなかった息子が主治医や医療従事者に対して一言、二言とやりとりを交わしたのであった。その後は、大きな進展はないものの、目の病気や障害年金の診断・相談などのため、息子が1人で通院している。通院の際は、体調や生活に関することなど医療従事者と簡単なやりとりを行うことができている。医療機関は、母を担当している地域包括支援センターへ連絡を取りながら家族の見守りを続けている。

　事例2においてひきこもりの息子が医療従事者と言葉を交わすことができた理由としては、自分自身の健康問題への強い関心があったためだと考えられます。ひきこもり者の関心はさまざまですが、これまで教育や就労などの人間関係でつまずいてきた経験から、支援者の相談や対応に抵抗を示すことがあります。一方、自身の健康問題に関わることは、比較的関心を示しやすい部分であると思われます。逆に自分の健康状態に関心が及ばなくなるとセルフネグレクトにつながっていくので注意が必要です。

　長期にわたる社会的ひきこもりの解決は簡単ではありませんが、だれかが関わり続けるということが大切なことです。支援者が介入する機会となり得るのが「80」の健康等に急変があり、生活環境が大きく変化する場合です。介入の機会は突如としてやってきます。支援者が関わることを続け、いざというときに本人が頼ることができる関係を作っておきましょう。

　地域によっては、精神疾患の疑いがあるひきこもり者を対象にアウトリーチを行っている医療機関もあります。何らかの精神疾患を併発してそれが影響してひきこもっていることもあるため、医療機関によるアウトリーチも有効に活用していきましょう。

### ⑤高齢者虐待からの把握

　8050家庭は「80」の介護問題を契機とするほか、「80」に対する「50」の高齢者虐待という形で問題が表面化することがあります。この場合は、地域包括支援センターを中心に緊急的な介入が必要となります。

**●事例3**
## 地域包括支援センターが
## 虐待対応として関わった事例

　要介護の70代母と40代娘（精神保健福祉手帳2級）の二人暮らし。娘は精神科クリニックへ通院している。仕事はしておらず、福祉サービスも利用していない。数年前に亡くなった父親の残した貯金や母の年金による収入があり、娘は衣服や嗜好品など自分の欲しいものを衝動的にインターネットショッピングで購入してしまう。認知症が進んでいる母は、娘のやることに何も言わない。そのうち娘は母の言動に気に入らないことがあると、母に暴言を浴びせたり、手を出したりし始めた。ある日、母の支援に入ったホームヘルパーが、腕にひっかき傷を発見した。母に話を聞くと腹を立てた娘からひっかかれたとのことであった。訪問介護事業所は、即座に地域包括支援センターへ通報した。

　地域包括支援センターは虐待対応として事実確認や安全確保を図った後、精神的に不安定な娘への支援について検討を始めた。基幹相談支援センターへの相談を経て、相談支援専門員が娘の不安や将来について相談に乗ることとなった。娘は金銭管理の支援を受けながら、ルールを決めて買い物をするようになっていった。また、自身が抱えた悩みや不安については、担当の相談支援専門員へ話をするようになっていった。

　虐待が起こる背景としてはさまざまですが、事例3のように同居している親子の依存性がかなり強まっている状況のなかで起こりやすいといえます。8050家庭では「50」に虐待行為の認識は薄く、ストレスや悩みなど

誰にも相談できずに最も近くにいる「80」へ暴力という形で現れてくることがあります。

8050家庭では、親子が社会的に孤立している状況があります。外とのつながりが希薄となっていると、心の葛藤や衝動などは内側にいる家族にしか向けることができません。

「50」に支援が入ることで、不安な気持ちを家族以外の誰かに話すことができます。長期にわたってひきこもり状態が続いている場合、親子分離などは簡単にできないと思われます。「50」側にも支援を入れ、不安の軽減を図るとともに家族への見守りを続けることで、虐待を未然に防いでいきます。

## 図1　8050問題ケースの把握と支援の入り口（イメージ）

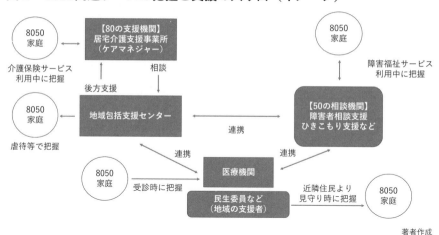

著者作成

## (2)「50」側の入り口

### ①「50」側から相談につながるケース

次に「50」側からの支援の入り口を見てみます。8050問題において「50」側から相談につながるケースは、通常のひきこもりに関する相談経路と同じで、「50」が障害や精神疾患を抱えていたり、ひきこもり状態などが続いたりした結果、生活面に支障が出始め、将来の不安を感じて相談につながるようなケースです。

これまで「80」は障害や病気を抱えた「50」の介助や世話を外部に頼らずに自分たちだけで何とか行ってきました。しかし、親の高齢化により「50」への関わりがこれまで通りできなくなってきたときに「50」の相談や障害福祉サービスなどの利用を考えます。この段階では、親は介護保険サービスの利用が必要な段階までに至っていないため、「80」から「50」の相談先に直接相談していくことになります。

　一方、「50」が障害福祉サービスの利用中に「80」の健康状態が悪化し介護につながるケースもあります。特に「80」の認知機能の低下が進行する場合は、家族等からの相談がないと地域包括支援センターなどへつながることが難しくなります。8050家庭で「50」が障害福祉サービスを利用している場合、「50」の相談支援専門員や通所サービスの職員等が「80」の異変に気付き、地域包括支援センターに相談を行うケースもあります。

## ②「50」の状態像と相談先

　ある自治体のひきこもり相談における相談件数を見ていくと、8割がなんらかの障害や精神疾患を有す、またはその可能性があるという結果があります。50代前後のひきこもり者に限定したとしても、障害や精神疾患を有していると考えられるため、障害関係の相談先である障害者福祉や保健担当課につなぐことが多くなります。市町村のひきこもり相談窓口は、精神保健や障害者福祉の担当部署となっているところがほとんどです。精神疾患の疑いや相談についても市町村のほか、保健所や精神科医療機関などへ相談していきます。障害や精神疾患がなく、就労や生活の相談を行っていく場合は、生活困窮者自立支援制度にある自立相談支援事業などへつなぐこともあります。

　ひきこもり相談の専門機関として、ひきこもり地域支援センターが設置（47都道府県＋20指定都市＋18市区町村（2023年3月31日現在））されています。精神保健福祉センターなどに設置されていますが、都道府県や都市部に1か所程度であることから、地域の相談場所としては身近でない場合もあると思います。その場合はまず市町村の窓口への相談が中心となるでしょう。

　相談から先の就労や社会参加の活動などについては、障害福祉サービス

である就労支援を受けて障害者雇用で就労したり、社会参加のために日中活動支援を利用したりすることがあります。また、自立支援事業の中で就労を目指すこともあります。

　ひきこもりの子が50代以上になってくると親以外の家族や関係機関からの相談が増えてきます。8050問題では、高齢となった「80」が「50」の相談にくることが少なくなってきており、外部のアプローチからの発見がより重要性を帯びてきます（各社会資源（相談先）の詳細については、第2章Chapter 1を参照）。

## ⑶ 支援の狭間にいる人の入り口（地域住民/アウトリーチ）

### ①相談につながっていない家族

　8050問題のケースでは、相談につながっていない家庭が相当数存在します。そうした人たちの入り口とはどのようなものでしょうか。8050家庭が相談につながらない理由として、①8050家庭が支援の必要性について自覚していない、②支援の必要性を感じているが、声をあげることができない、③相談をしているが、問題を解決する機関につながらない、と3つに大別することができます。

　①の場合、「80」に介護の必要が迫りつつ、「50」の将来への不安が現実味を帯びてきているのですが、「80」は高齢になり思考や判断能力、現実を認識する力が衰えていることで、自分たちが困っているということを感じることが難しくなっています。「80」が認知症などを発症している場合は、生活が立ち行かなくなった場合でも支援が必要だという認識に至りません。

　また、②のように支援の必要性を自覚しても声を上げられない場合もあります。社会的に孤立した状況にあるため、どこへ相談してよいのかわからなかったり、周囲に相談できる人がいなかったりする状況にあります。他にも家族の問題なので外に相談することが恥ずかしい、迷惑をかけたくないという心理が働くことで、相談ができずに我慢していることが考えられます。

　③については、身近に相談機関がなかったり、社会資源が十分に足りて

いかなったり、もしくは相談する人や機関があったとしても、住民に認知されなかったりしていると、必要な相談機関にうまくつながることができません。

8050家庭がこのような状況であると、地域から孤立したまま把握されない状態となり、介護保険サービスや障害福祉サービス、ひきこもりや生活困窮等の相談支援にもつながらず孤立している人たちが相当数いると考えられています。

## ②民生委員・児童委員、コミュニティソーシャルワーカーなど

民生委員・児童委員は、地区ごとに配置されており、独居高齢者の見守りや福祉的課題のある家庭への見守りなどを行っています。地域住民から相談が寄せられ、ひきこもり状態の家庭について把握していることもあります。

コミュニティソーシャルワーカー等の地域住民を対象とした専門職は地域の実情において各自治体に配置されています。名称もコミュニティソーシャルワーカー、コミュニティワーカーやコーディネーターなどさまざまです。支援が必要な地域住民をサービスなどへつなげていく役割を担っているため、ニーズの把握や利用者支援に積極的に関与していきます。民生委員と地域包括支援センターなどの間に入り、連携しながら支援にあたることもあります。

相談につながっていない8050家庭は、「80」が病気や要介護状態になったり生活に苦しくなったりして初めて問題として把握されます。相談につながることが遅ければ、事態が深刻化して近隣トラブルや虐待となり発覚することもあります。8050家庭が高齢化するほど介護や生活問題のリスクが高まってくるため、できるだけ早く相談機関につながることが大切です。前述したように8050家庭が自ら声をあげて相談機関につながることが難しい場合もあるため、地域の支援者等によって早期に把握され、相談につなげていくことが望まれます。

コミュニティソーシャルワーカーや民生委員との連絡会議や定例会の中で、「高齢の親とひきこもりの子がいる家庭を知っているが、どのように声をかければいいのか」という疑問が寄せられることがあります。ひきこ

もっている「50」がいるようだが、「80」は詳しく話してくれないため、家庭の実態がわからないといった状況です。そうしたとき、地域の支援者へは、定期的に「お元気ですか」「何か困ったことはありますか」とこちらから「80」へ声をかけてみてはと伝えています。声掛けに対して「80」が拒否的な反応など見せることは少なくありませんが、何度も顔を合わせているうちに、何かを話してくれるようになることも多々あります。問題を抱えた家庭を把握してコミュニケーションをとっているか、そうでないかでその後の対応が変わってきます。

　民生委員やコミュニティソーシャルワーカーなどの地域の支援者は、まだ相談につながっていない支援が必要な8050家庭の早期発見・把握を行うことが期待されています。そのために日々の活動の中で地域にアンテナを張り、問題の可能性を感じたら行政や必要な専門機関につなげていくことが必要です。関係機関へつないだ後も、8050家庭を見守りながら関係形成に努めていくことが望まれます。

# 3. ケアマネジャーの役割とは

　8050問題の支援の入り口はさまざまですが、こうした複合的な生活課題をもつ家庭が増えてきており、高齢や障害といった各分野の専門機関だけでの対応だけでは解決が難しく横断的な連携が必要となっています。各自治体では、包括的な支援体制、相談体制の取り組みから相談の入り口としてワンストップの相談窓口を設置する自治体も増加しています。

　8050家庭への介入として圧倒的に多いのが「80」の介護をきっかけとしたものです。そうした場合、最初に8050家庭に接触するのがケアマネジャーとなります。ケアマネジャーには8050家庭との関係性をつくりながら、課題を把握し支援につなげていく役割が求められています。

# Chapter1

# インテーク・アセスメント時の情報収集

## 1. 最初の関わりの重要性

　居宅介護支援事業所のケアマネジャーがインテーク（初回面談）やアセスメント時に本人や家族への聞き取りを実施する中で、8050問題などの家族全体の課題が見えてくることがあります。また、サービスが始まり、ケアマネジャーやホームヘルパーなどが自宅に出入りを繰り返す中で、ひきこもっている「50」の問題に気づくこともあります。8050問題の可能性に気づいた際は、すぐにアセスメントを行い、問題の把握と解決に向けた支援を検討し、適切な支援を進めていくことになります。

　「80」の日常生活に「50」の抱えている問題が影響を及ぼす場合、「80」を担当するケアマネジャーは、家庭の抱える8050問題全体に対応していくケアプランを作成し、支援を開始します。また、「50」を適切な支援機関につなぐためにも情報提供は重要となるため、最初の関わりの場面はしっかり押さえておきたいところです。Chapter 1 では、ケアプランによって8050問題における支援がどのように展開されるのか、ケアマネジメントプロセスに沿って見ていきたいと思います。

　インテーク及びアセスメントについては、居宅介護支援事業所の多くが活用している全国社会福祉協議会の「居宅サービス計画ガイドラインVer.3」の様式を用いながら説明していきます。「居宅サービス計画ガイドライン Ver.3」では、地域共生社会を志向したケアマネジメントの考え方と、厚生労働省通知「介護サービス計画書の様式及び課題分析標準項目の提示について」（平成11年老企第29号）等を踏まえ、要介護者本人だけでなく家族介護者を含む家族全体を捉えた支援を進めるためのケアマネジメントを可能としています。8050家庭の支援のアセスメントでは、特に「80」と「50」の関係性やこれまでの生活歴に着目していきたいと思います。

# 2. インテーク：ケアプラン作成のための初回面談

## ⑴ 介護支援におけるインテーク

　介護支援におけるインテークとは、ケアマネジャーが利用者のニーズに応じたケアプランを作成するための最初の面接場面です。利用者の基本的な情報収集を行い、利用者とのやりとりを通じてケアマネジャーと利用者双方の理解を深め、信頼関係を結んでいきます。

　ケアマネジャーは、最初の面談において利用者の要望、困っていることや悩みといった主訴の把握を中心に進めていきます。利用者や家族は、利用者の体の不調や介護のこと、家族の介護負担の問題などについて悩みを抱えています。初めて会うケアマネジャーに緊張していたりして、自分の本当の悩みなどを話すことができないかもしれません。また家族は、心配のあまり、必要以上に不安を感じている場合もあります。

　インテークの場では、利用者や家族に波長を合わせ、不安や葛藤などの気持ちを十分に汲みながら言葉や表情、声のトーンなどをよく観察することで、相談者の状況を総合的に把握していきましょう。初めて会ったときにその人の印象が決まるといわれる「初頭効果」は、最初に提示された情報に強く影響される心理的な傾向をいいます。例えば、初めて対面したときの相手の身だしなみや表情、言葉遣いといった第一印象に影響されやすいといった傾向です。利用者の課題を解決するためにしっかりとしたケアプランを作成しようと思うのはケアマネジャーであれば誰でも思うところです。しかし、網羅的に情報を得ようと、矢継ぎ早に質問をしたり、何度も経験するうちに慣れてきて事務的な対応をしたりしてしまうことは、利用者や家族の安心感を損なうことにつながります。ケアマネジャーにとっては、インテークが信頼関係構築の最初の機会となりますので、まずは話しやすい環境をつくり、相談者の気持ちに共感し、不安を和らげ、良好な関係を築くことを意識しながら、困っていることや抱えている不安などについて聞いていきましょう。

## ⑵ 8050家庭の支援におけるインテークのポイント

インテークの段階で8050問題について把握した場合、親子にとって緊急的な支援が必要かどうかの判断が最も重要です。

その結果、とりわけ緊急的な支援が必要ではない場合は、通常のインテーク同様に利用者との信頼関係を意識しながらフェースシートにある基本情報について聞き取っていきます。その中で「50」の状況や親子の関係性を中心に確認していきます。

### ＜ポイント1　8050家庭の支援の緊急性の判断＞

インテークの時点で、相談者の状況がすでに緊急性を伴っている場合があります。介護者不在のため直ちに支援やサービスが必要なケースや経済的な援助が必要なケース、家族からの虐待などが疑われるケース、すぐにでも医療機関などへつなげる必要があるケースなどさまざまです。

また、インテークを進める中で8050問題などの同居家族の福祉ニーズが明らかになることもあります。

ケアマネジャーは、緊急性について判断し、必要に応じて地域包括支援センターなどへ相談したり、医療や他分野の専門機関などへつなげたりすることもインテークの大事な役割です。

### ＜ポイント2　同居の家族の話題について＞

最初の相談場面では、利用者や家族は自身の直面した介護問題に不安を抱えています。突然の介護を必要とする状況に戸惑っているかもしれません。介護保険の制度やサービスなどのこともわからない状況です。家族も早く何とかしなければと焦りを感じているかもしれません。インテークでは共感や受容的な態度が必要です。ケアマネジャーは利用者や家族が不安に感じていることや困りごと、今後の要望や疑問に感じていることに共感や受容をしながら聞き取っていきます。

家族構成を尋ねるときは、同居の家族について具体的に話を聞いてみましょう。インテークでは「50」が抱えている問題について把握できないこともあるので、同居の家族について「どのような人なのか」、「困っていないか」、「『80』との関係は良好か」など話を振ってみると良いでしょう。

次のページのフェースシート（図１）では、本人の生活歴に加えて、「50」が生まれてから現在までどのように人生を辿ってきたのか、事実と「80」の心情的な部分を中心に記載しています。

＜ポイント３　言葉以外の表面化しないニーズを把握する＞

　利用者に「買い物や掃除などの支援をしてほしい」、家族に「介護負担があるので一時的に預かってほしい」などと潜在的なニーズがあっても、介護保険サービスの知識がないなどの理由で支援のイメージができず、ケアマネジャーに要望として伝えられないことがあります。また、利用者本人が「これぐらいはできる、まだまだ大丈夫だ」と考えていたり、家族が「自分たちが介護するしかない」などと我慢していたりすることもあるでしょう。

　本当の主訴やニーズを汲み取るため、ケアマネジャーは、利用者や家族がどのようなところに困っているのか、どんな支援があれば生活が続くかなどに焦点をあてて質問をしていきます。サービスの実際の利用例やそれによる効果なども具体的に伝えるとよいでしょう。専門的な言葉は使わずに、できるだけ平易な言葉で相手の理解を確認しながら話を進めていきます。利用者の表情、態度、雰囲気など非言語コミュニケーションや自宅の様子などにも目を配りながら、言葉で表出できない思いを主訴として拾い上げていくことが重要です。

　一方、利用者から言葉が発せられても、それが本意だとは限りません。言葉の背景にあるものについて理解していくと、別の意図が見えることがあります。例えば、「今はサービスを利用したくない」「自分でできるから大丈夫」と言っている場合でも、本当は利用してみたいがお金がかかるから我慢している、他の人の手を借りることは気恥ずかしいからとかといった理由があるのかもしれません。利用者の言葉を丁寧に聞き取りながら、不安を取り除く説明をしていくと、本当の気持ちが見えてくることもあります。

　8050問題のケースでは、同居の家族の話について尋ねてみても、ひきこもりの子どもの話を伏せていたり、具体的な話をしなかったりなど「50」の問題を隠すことがあります。利用者の言葉は大切ですが、「なぜ、子どものことを話したがらないのか」などの背景を考えながら利用者の意図す

## 図1　フェースシート（抜粋）

どのような親子関係かがわかるように書きましょう

| ■相談内容（主訴/本人・家族の希望・困っていることや不安、思い） | ■これまでの生活の経過（主な生活史） |
|---|---|
| **（本人）**<br><br>・足の痛みが続いて動けないときもある。自分で料理を作ったり、掃除をしたりすることが難しくなってきた。だけど、まだ動けるうちは自分でやりたい。息子の面倒もみないとね。<br><br>・息子がずっとひきこもっている。自分がいなくなったとき、1人で暮らしていけるのか。そのことを考えると不安でいっぱいになるんだよ。<br><br><br>**（介護者・家族）**<br><br>・同居の息子（母の介護のことやサービスを入れることについて説明するが、明確な応答はなかった。） | ○○市で生まれて育つ。3人兄弟の末っ子。両親や兄弟は他界している。<br>高校卒業後、電気メーカーの事務職をしていた。20代で結婚し、息子を出産する。それを機に仕事を辞めて専業主婦として子育て中心の生活を送る。<br>息子は小学校から勉強や運動が得意ではなく内向的な性格であった。人とあまり話もせず、同級生からいじめられることがたびたびあった。そのせいか家族も近隣との付き合いが少なかった。息子は高校卒業後に調理の専門学校へ進学するが、人間関係が上手くいかずに途中でやめている。その後、リフォームの仕事や工場の検品などの仕事に就くが長くは続かずにやめている。<br>本人は息子を心配して、福祉課へ相談し、そのときに障害者手帳（療育手帳）を取得した。<br>10年前に夫を病気で亡くす。その頃から息子は、障害者の就労支援から紹介してもらった仕事に行かなくなり、自宅にひきこもるようになった。<br>息子へはこれまでいろいろとうるさいことを言ってきたが、最近はほとんど話もしていない。食事を作ったり、たばこを買う小遣いを渡したりしている。<br>本人は膝を悪くして、自分のこと以上に息子を心配している様子がうかがえる。 |

| 介護保険 | 利用者負担割合　☑1割　□2割　□3割 | 後期高齢者医療保険（75歳以上） | 一部負担金<br>☑1割負担　□2割負担　□3割負担 |
|---|---|---|---|

| 高額介護<br>サービス費該当 | 利用者負担　（　□第5段階　　□第4段階　　□第3段階　　□第2段階　　□第1段階） |
|---|---|

| 要介護認定 | 済 ➡ 非該当・要支援1・2　要介護①・2・3・4・5 | 認定日 | 令和5年7月1日 |
|---|---|---|---|
| | 未（見込み）➡ 非該当・要支援1・2　要介護1・2・3・4・5 | | |

| 身体障害者手帳 | □有　☑無　等級　　種　　　級 | 交付日 | 年　　　　月 |
|---|---|---|---|
| 療育手帳 | □有　☑無　程度 | 交付日 | 年　　　　月 |
| 精神障害者<br>保健福祉手帳 | □有　☑無　等級　　　　級 | 交付日 | 年　　　　月 |
| 障害福祉サービス<br>受給者証の有無 | □有　☑無　自立支援医療<br>受給者証の有無　□有　☑無 | 障害程度（支援）区分→（　　　　　　　　　　） | |

| 日常生活自立度 | 障害<br>高齢者 | 自立・J1・J2・Ⓐ1・A2・B1・B2・C1・C2 | 判定者 | （機関名　　○○病院） | 判定日 | |
|---|---|---|---|---|---|---|
| | 認知症 | 自立・Ⓘ・IIa・IIb・IIIa・IIIb・IV・M | | （機関名　　○○病院） | | |

社会福祉法人全国社会福祉協議会「居宅サービス計画ガイドラインVer.3」のアセスメント様式を使用して作成
※事例内容は本書オリジナルです

るところを汲み取っていくことが必要です。

＜ポイント4　インテーク時に8050問題が把握されたら＞

　インテーク時に利用者本人や兄弟などから同居の子どもの悩みについて話が及んだ際、この時点ではしっかりと傾聴し、緊急的な事案かどうかについて確認しながら、課題を押さえつつ全体像を把握するにとどめましょう。ただし「50」側の問題について早急に相談につなげる必要のある場合は、すぐに「50」側の支援機関につないでいきましょう。

　インテークの段階では、まだ「50」側の課題が十分明らかになっていないことも多いので、詳細については、次のアセスメントで掘り下げていきます。

## ⑶　インテークからアセスメントへ

　ケアマネジャーとの面接は、緊張して不安を感じる利用者も多いのではないでしょうか。自分のことをいろいろと聞かれるうちに、「面倒だからもういい」と煩わしく感じてしまうこともあるかもしれません。

　インテークは利用者との信頼関係を重視するため、話を聞く際は寄り添う姿勢が大切です。利用者に安心して話ができると感じてもらったら、この後の会話において自ら話をしてみようと思うかもしれません。そうなると、次の段階のアセスメントにおいて、利用者のさまざまな情報を得る手助けとなるでしょう。

　また、医療や他の支援機関等と関わりのある利用者の場合、初回訪問前に収集可能な情報を集めておきましょう。面接の際、質問のポイントを絞ることができますし、さまざまな情報を集めることによって、より正確に利用者の心身の状態を把握することにつながります。


# 3.アセスメント時におけるポイント

## ⑴　ケアプランにおけるアセスメント（課題分析）とは

　「アセスメント」とは、評価や分析などの意味があり、ケアプラン作成

において、本人の悩みや希望、心身の状態、家族の思いや周囲の環境等についての情報を集め、それをもとに本人の状況を評価し、介護ニーズを整理していく過程です。

ケアマネジャーの役割として厚生労働省から通知されている「介護サービス計画書の様式及び課題分析標準項目の提示について」（平成11年老企第29号）では、「課題分析標準項目」として、基本情報に関する9項目と課題分析に関する14項目の計23個の項目について課題を分析することが示されています。2023年10月の改正で、それまで「介護力」とされていた項目が「家族等の状況」になるなどの変更がありました。

アセスメントでは、本人の「希望する生活はどのようなものか」という意向を聞き取り、家族の意向や生活全般の状況を総合的に把握し、それを踏まえて課題を分析した上で、ニーズ（必要な支援）を整理していきます。インテークにおいて基本的な情報は確認していますが、課題分析に必要な項目やさらに掘り下げることが必要な情報などについて収集していきます。また、医療機関などにアクセスし、主治医や医療ソーシャルワーカー等の専門職から専門領域における情報や評価を集めます。

本人や家族への聞き取りから、家族同士の関係性や家族が抱えている問題が把握されることもあります。例えば、「同居の子どもが働いておらず、家でずっと過ごしている」とか、「子どもが以前から何か思い悩んでいるようだ」という話が出てくることがあります。

8050問題のように、利用者の家族が問題を抱えている事例が増えており、家族全体を捉えた支援が必要となっています。ケアマネジャーは、家族状況やインフォーマルな支援についても十分な視点を持ちながらアセスメントを行っていきます。

## ⑵ 8050家庭の支援を見据えたアセスメント〜押さえておきたいポイント〜

通常のアセスメントは利用者の日常生活における心身の状況、生活状況などを中心に把握していきますが、8050問題を把握した場合、家族状況の確認がより重要となります。そして「80」の利用者が、同居の「50」

との関係性の中でどのような影響を受けているのか、それによってどのような生活課題を抱えているのかについて確認していきます。

　例えば、「80」は自分の年金収入でやり繰りをしなければならないが、その限られた収入で「50」の生活費まで補っているとか、心身の状況が悪化しているにもかかわらず、食事や洗濯などの家事について「50」の分まで全部行っているなど、負担を抱えていることがあります。

　反対に「50」はひきこもっているものの、家のなかでちょっとした介護や家事などを行っていたり、同居していることで、「50」に話し相手になってもらったりして「80」が支えられていると感じていることもあります。同居の「50」の存在が利用者の生活にどの程度影響しているのか、アセスメント項目ごとに評価することが大事なポイントです。

　また、8050問題の特徴として、親子で一体的に生活しているなかで問題を抱えており、個人の課題として支援に取り組むことが難しい場合が出てくることがあります。「80」側と「50」側の問題が複雑に絡み合っている場合は、利用者、子ども、家族全体の主訴と課題をそれぞれ整理していくことが重要となってきます。

### <アセスメントのポイント1　〜親の子どもに対する思い〜>

　では、「80」側の親は、「50」側の子どものことについてどのように考えているのでしょうか。「早く自立してほしい」、「自分がいなくなった後、1人でやっていけるのか」、「誰かが助けてくれるのか」、そのようなことを長きにわたって心配しながら、どうしたらいいかわからない状況にあるのかもしれません。また、「自分がいる間は面倒をみなければ」、「このままずっと一緒にいてほしい」といつまでも子離れできない気持ちでいるかもしれません。逆に親子関係が悪く、関わりを避けたいと考えているかもしれません。

　いずれにしても、「50」と一緒に生活をしている以上、「80」がどのように「50」のことを考えているのか把握しなければなりません。インテーク時において聞き取れなかった「50」への思いや不安について丁寧に聞き取っておきましょう。

　ケアプランは、本人の意向に基づき、ニーズをもとに必要な支援を定め

た計画書です。「50」に対する思いが表明され、必要な支援であると判断した場合、ケアプランのなかに支援を組み込みます。いわば本人の意向は「ケアプランの出発点」といえるでしょう。この先のプランニングにつなげていくためにも本人が「50」についてどのような思いがあるのかここでしっかりと聞き取っておきましょう。

<アセスメントのポイント2　〜8050家庭の生活状況〜>

　食事、掃除や買い物といった「80」の生活状況の中に、どの程度「50」が関わっているのかを確認しましょう。「80」がまだ動けるうちに「50」の食事や家事など世話をしている場合もありますし、「50」が自宅から外へは出ることはできないけれども、「80」の介護や家事などを行っている場合もあります。

　各アセスメント項目において、「50」が関与している「80」の生活・社会状況についてアセスメントをしていきます。自宅内の状況や1日の生活の流れについても「50」と切り離すことができない部分もあるため、同様に把握しておきましょう。

　8050家庭では、特に経済的な部分について問題が生じやすいといえます。同居の「50」に収入がない場合は、「80」の収入に依存している状況が考えられるでしょう。「80」の収入は年金が主となっていることが多いため、生活を維持したり、サービスを利用したりする上で十分な収入がないと負担となります。年金だけで生活している場合などは、食事や日用品の負担はどうしているのか、「50」にかかる生活費はどの程度負担しているのかといった情報は押さえておきたいところです。

　また、「50」に税金や保険料、借金などがある場合は、「80」の収入から捻出している可能性もあり、生活が困窮する要因となる場合がありますので留意しておきましょう。

<アセスメントのポイント3　〜8050家庭の生活の経過（これまでの生活歴）〜>

　生活歴は、その人がどのようにこれまでの人生を送ってきたのかを知ることで、現在のその人を知る手がかりとなります。8050問題において、これまでの親と子の生活過程を知ることは、今後の支援を考える上で重要

な要素となります。親が子どもに対して、厳格に関わってきたのか、寛容に関わってきたのか、無関心であるのか。親の関わりに対して子どもの態度は従順か、それとも反発してきたのか。また、親子に影響を与えたライフイベントがどのようなものなのか。「80」である利用者がどう「50」と過ごし関わってきたのか、どのような感情を抱いてきたのかを聞き取っていくことで、「80」のパーソナリティや「50」の生い立ちについて知ることにつながり、その結果8050家庭への支援の糸口となるかもしれません。

＜アセスメントのポイント4　〜緊急性はあるか〜＞

　緊急性の有無の確認はインテーク時も行っていますが、詳細な聞き取りを行うアセスメントにおいても「50」からの虐待等の緊急的な介入事案が確認されることがあります。例えば「怒って大きな声を出したり、物を投げたりする」、「自宅の壁に穴が開いている」、「同居の子どもの話をしたがらない・・」などは、身体的や心理的な虐待の可能性があります。また、「食事が十分ではない」、「着替えた様子がない」などはネグレクトの疑いが考えられますし、「生活に困っているようだ」、「必要な介護保険サービス利用を拒否する」、「支払いの催促の通知がある」などは、経済的な虐待の可能性が考えられる現象です。

　また「50」自身の問題についても緊急性が見られた場合、迅速な対応が求められます。例えば、精神的な症状が見られ、日常の生活が危ぶまれる場合などはすぐにでも医療機関の受診が必要です。行政や医療機関に相談し、専門機関へ引き継ぎましょう。

## ⑶　その他の留意点

### ①「80」が「50」について話をしない場合

　介護保険サービスが開始された後になっても、「80」がひきこもっている「50」の詳細について話をしたがらない場合があります。介護支援者など家族以外の人が自宅に入り、家の中の決まりごとや雰囲気など生活状況が変化すると、「50」は苦痛を感じ、その結果、家の中で暴れたり、大きな声を出したり、「80」へ暴力を振るったりする可能性があります。そうしたことが予想されると、「80」は「50」を刺激しまいとサービスの利

用をやめたり、「50」の問題を他者に隠そうとしたりします。

　そうすると、介護支援者は自宅に子どもはいるらしいけど、何をしているのかわからない、という認識のまま支援を進めることになります。そうならないためにも、支援者は、「80」への影響を見守りながら少しずつ「50」について把握していくことが望ましいでしょう。

## 図2　インフォーマルな支援の活用

■インフォーマルな支援活用状況（親戚、近隣、友人、同僚、ボランティア、民生委員、自治会等の地域の団体等）

| 支援提供者 | 活用している支援内容 | 特記事項 |
|---|---|---|
|  |  |  |

| 本人が受けたい支援／今後必要になると思われる支援 | 支援提供者 | 特記事項 |
|---|---|---|
| 近隣とあまり付き合いがない。声をかけたりした気にかけていくことが必要か。 | 民生委員 | 担当地区の民生委員は、以前からAさん世帯について気になっていた。 |

社会福祉法人全国社会福祉協議会「居宅サービス計画ガイドラインVer.3」のアセスメント様式を使用して作成
※事例内容は本書オリジナルです

　8050家庭は、近隣とのつながりが希薄で孤立した状況に陥っていることを特徴としています。「80」については、以前は親戚や知人等がいて交流があっても、年とともに疎遠になったり、会うのも容易でなくなったりしていることが多く、「50」についてはほとんど外部との接触がない状態を続けているため、インフォーマルな支援が乏しい傾向にあります。

　この先、「80」の要介護度が進むと自分でできることも少なくなります。「50」の自立に向けた支援も時間を要することから、介護保険サービスの利用だけでなく地域の支援を活用する視点が大切になってきます。

　また、ここ数年、要援護者への災害時の対応について各自治体で個別避難計画の策定などの取り組みが進められています。8050家庭は近隣とのつながりがない高齢者世帯と同様のリスクを抱えています。その意味でも孤立している8050家庭と民生委員などの地域の支援者・関係者とのつながりをどのようにもっていくのかが今後の課題です（図4　「80」におけ

るアセスメントまとめ（115頁）参照）。

## ⑷ 再アセスメント

　初回のアセスメントで「50」の問題についてすべて把握することはできません。サービスの提供が始まった後に、「50」の問題について徐々に明らかになることも多く、その場合は、新たな課題の把握と分析を行うため再アセスメントが必要となります。

　「50」を相談、支援先へつなぐためにもアセスメントは重要な情報となります。その都度記録しながら支援の検討材料としていきましょう。

# 4.「50」側、家庭全体との関係性の構築

　インテーク、アセスメントを実施し、8050問題について把握したとき、「50」を含む家庭全体と関係性の構築を図っていきます。支援者と利用者の関係構築は、支援の基盤となることはいうまでもありませんが、ひきこもり状態にある「50」は、他者との関係性の形成が困難であることを特徴としています。「50」における中心的な課題はひきこもりを続けていることですが、そこに至った背景としては、学校や職場での人間関係のつまずきが大きな理由としてあげられます。さらに要因を探っていくと、幼少期よりコミュニケーション自体が得意ではなかったり、学齢期にいじめにあったり、教師や友達との間で人間不信になる出来事があったなどということがあります。根底にそうした要因があると、他者との関係性を築いていくことはとても大変なことです。見知らぬ他者が話しかけてくることは、とてつもない恐怖を感じるかもしれません。

　ひきこもり者は、自分の部屋や自宅を心理的な防壁（テリトリー）としていることがあります。自分の部屋中心で生活している中で、家族以外の見知らぬ人が自宅へ出入りすることは大きな抵抗感を抱くことになります。定期的なヘルパーの訪問などを拒否するのはこうした理由によるところが大きく、「80」の介護のためであろうが外部から家に入ってくる人を拒み続ける例もあります。

ケアマネジャーは、「80」の支援者という立場であり、「80」の意向を中心に考えることから、「50」に家から出て働いてほしいなどと「80」の言い分そのままを「50」に対して求めてしまいがちです。また、社会に出て経済的に自立しなければならないといった価値観からの働きかけは、パワレスな「50」に対してプレッシャーを与えるようなかたちとなってしまい、結果的に関係が閉ざされしまうことにもなりかねません。ただでさえ外部の人間が入っていくことで不安が募るわけですから、まずは安心して対面できることを目標として関わっていきます。

　ひきこもりの支援は、信頼関係を形成していくことが大部分を占めており、時間をかけて「50」とのコミュニケーションを図っていきます。「50」との関係形成については、次の項目で詳しく述べたいと思います。

# 5. 家族アセスメント

## ⑴ 8050家庭の支援における家族アセスメントとは

　8050家庭の支援においては、家族である「50」の課題が利用者である「80」の生活状況に関係していることから、家族全体のアセスメント（家族アセスメント）をしていく必要があります。また「50」自身の課題についても支援を行うための情報収集や適切な評価が必要です。

　家族アセスメントでは、①「80」と「50」が生活を共にしていることで課題が絡み合っているため整理すること、②家族である「50」の概略的な情報をつかみ課題を明確にすることの2点を中心に行っていきます。
【家族アセスメントのポイント1　「80」側・「50」側　家族の主訴と課題を明確に】
　「80」と「50」それぞれに生活についての要望や意向があるため、お互いに異なる意見が出てくることがあるでしょう。また、課題については「80」だけでなく「50」の課題もあり、それぞれの課題が複合的に絡まっている場合もあります。「80」の課題について考えていたら、根本的に「50」の課題から生じているものであったということはあり得ることです。

8050家庭における複雑化した問題として「介護保険サービスの利用が必要だが、利用料が気になり、利用を控えたい」といったことがあります。「50」の生活費等を、「80」が負担しているため、「80」自身の生活費が不足している状況があるとすれば、「80」の本当のニーズ（課題）は何か、「50」側の課題は何かという疑問が出てくるでしょう。

　家族アセスメントにおいて、親子の複合的なニーズや課題を整理する際は「80」と「50」それぞれを整理しながら、主訴とニーズを明確にしていきます。この作業は他の専門職や支援者の視点を交えることも有効です。サービス担当者会議などで複数の支援者からの意見を参考にしましょう。

**図3　家族状況とインフォーマルな支援の状況**

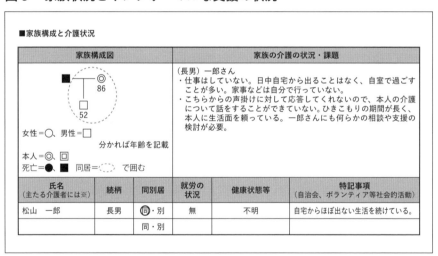

社会福祉法人全国社会福祉協議会「居宅サービス計画ガイドラインVer.3」のアセスメント様式を使用して作成
※事例内容は本書オリジナルです

**【家族アセスメントのポイント2　親と子の話は別々に】**

　アセスメントの際、親と子どもが一緒にいるときに聞き取りを行うことがあります。「80」のアセスメントを中心とするならば、「50」から話を聞くことは、家族の視点として貴重な情報を得ることができます。その結

果、「80」の細かな生活の様子や介護のニーズなどについて厚みのあるアセスメントとなるでしょう。

　しかし、ひきこもりなどの問題を抱える「50」についての話を聞いていく際には、注意が必要です。なぜなら、「80」が「50」への不安や不満を吐露し、それを「50」が聞くことで葛藤が生まれるからです。「80」は「50」の将来について不安を感じているので、何とかしたいと思っています。子どもを心配するあまり「早く働いてほしい」とか、「家から出て自立してほしい」などと悪気なく伝えてくるかもしれません。親子間では表立って言いたいことが言えないとしても、外部の第三者が話を聞いている状況になったら、普段思っていることを口に出してしまうこともあるでしょう。一方の「50」は「80」の心配する気持ちや期待は理解しているとしても、そのようにできないために重圧がかかり、自分を責めたり、逆にそのような状況に至ったのは親のせいだとして「80」を責めたりします。そうなると「80」への不信感などがいっそう増すことになり、結果として外部者への拒絶も強固となっていきます。

　「50」には本人なりの思いや不安があります。親には話せない上、一方的に親や社会の価値観を押し付けられ、苦悩している状況があります。仮に「50」自身の話が聞けるのであれば、本人と向き合い、じっくりと耳を傾けて話を聞いていくことが必要です。「50」の問題についてアセスメントする際は、「80」と「50」から個別に話を聞くことを心がけていきましょう。

## ⑵ ケアマネジャーとしての「50」のアセスメントについて

　ケアプラン作成のためのアセスメントでは利用者である「80」の情報や課題をまとめていくことが基本ですが、「80」の支援に関連する情報として家族アセスメントも重要な部分です。ケアマネジャーの役割として家族アセスメントはどこまで行うのかという問題はありますが、「50」の情報や課題は、後に「50」側の支援機関に引き継ぐことも出てきます。「50」自身の生活状況や課題については、少なくとも以下の点について押さえておくとよいでしょう。

押さえておきたい「50」のこと
・仕事や日中の活動など社会や人との関わりはあるか
・心身の健康状態はどうか
・親への生活の依存はどの程度か
・「50」本人は不安や悩みを抱えているか。どのようなことに困っているか。今後をどのように考えているか

　アセスメントの段階では、信頼関係が成立していない「50」に対して直接聞き取りをすることは難しいかもしれません。「80」や他の兄弟・姉妹などの話を聞きながら、「50」の生活状況や抱えている課題について押さえておきましょう。もし、「50」と面談ができるようであれば、まずは親である「80」のことについて聞いていきます。ケアマネジャーは、「80」への支援者として訪問しているので、家族の一員として親の介護についてどう考えているのかを尋ねていきます。「50」にとっても親のことを聞かれるのは、自然な流れだと感じるでしょう。「50」自身が抱える課題については、「50」との関係性を築きながら無理をせずに確認していきましょう。

## ⑶「50」側のアセスメント（「50」の支援者によるアセスメント）

　最後に「50」側のアセスメントについて述べたいと思います。「50」の支援者は支援方針を検討するため、より詳細なアセスメントを実施していきます。その際、ケアマネジャーからの家族アセスメントなどの情報提供は非常に役立つものです。
　ケアマネジャーは、「50」についての詳細なアセスメントは行いませんが、家族アセスメントにおける視点として参考にしてください。ここでは障害がある「50」についてのアセスメントについて触れたいと思います。
### ①本人の思いを中心としたエンパワメント・ストレングス支援
　「50」への支援では、本人の思いを中心に、失われている力を引き出す関わり（エンパワメント）や本人が持っている強み（ストレングス）に着目した視点を重視していきます。

## 図4 「80」におけるアセスメントまとめ

**○家族への支援の必要性について**

（精神的な不安）同居の長男のことを非常に心配しており、誰にも話せずずっと悩んでいる。

（身体への負担）脚の調子が良くないときなどでも無理をしながら長男の食事などの世話している。

（経済的な負担）長男の食費やインターネット料金など各種支払いなど自分の年金収入などで負担。

（長男の課題）自宅へのひきこもり状態が続いている。食事など要介護の母に頼っている。

　　　　　　　他者とほとんどコミュニケーションができていない。

**○課題分析の結果について**

　Aさんの負担を減らし、安心することができるように長男自身が課題の解決に向けて動くことが重要。

そのために長男の相談先について検討していく必要がある。Aさんへの支援の中で、Aさんだけでな

く親子の関係性や生活状況などについて関係機関で情報共有・連携を行っていく必要がある。

| 災害時の対応の必要性について<br>⇒有の場合 | 必要性の有無 | ⓐ有 | 無 | | 個別避難計画<br>策定の有無 | 有 策定中 ⓐ無 |
|---|---|---|---|---|---|---|

| 災害時の連絡先<br>（家族以外/民生委員等） | （氏名）　　　　　　　　（本人との関係）<br>TEL.　　　　　　　　　　FAX.<br>メール |
|---|---|
| 備考 | |

| 権利擁護に関する対応の必要性について<br>⇒有の場合 | 必要性の有無 | ⓐ有 | 無 |
|---|---|---|---|

| 備考 | 同居の長男に課題があり、本人にも影響を及ぼす可能性がある。 |
|---|---|

社会福祉法人全国社会福祉協議会「居宅サービス計画ガイドラインVer.3」のアセスメント様式を使用して作成
※事例内容は本書オリジナルです

ひきこもり状態にある人は多くの面でパワレスな状態に陥っています。そこから少しずつ回復していくには、小さな成功体験を積み重ね、少しずつ自信をつけながら自分自身を認め、大切にしていく過程が必要です。「50」のアセスメントを実施する際は、課題にばかり着目するのではなく、なぜ力が阻害されているのかについて原因を探り、どうすれば力を発揮することができるかという視点で行っていきます。

## ②本人の思い・希望

　本人の思いや希望を聞き取ることは最も重要なことですが、本人の置かれている状況や支援者との関係性により、本人が話す内容や程度が異なります。ひきこもり状態や親に依存している状態であるからといって、働かない理由や外へ出ない理由などにいきなり迫ることは避けます。まずは共感的な態度で聞き取ることで、「50」が話をしても大丈夫という安心感を持つことにつながります。ひきこもっている「50」へのアセスメントは、どのような経緯があってひきこもりの状態に至っているのかを辿る作業です。

　また、本人の口にしたことが必ずしも本人の思いであるとは限りません。その時々で発言が異なったり、真意でなく話していたりすることがあるため、言葉の背景について捉えながら総合的に把握していきます。

## ③関心のあること・得意なこと

　「50」の関心ごとや得意としているところは、比較的話しやすいところでもあります。近年、インターネットやスマートフォンを利用したSNSやゲームなど、自室でできる活動が増えています。どのようなところに関心があるのかについて把握していきます。「50」の関心があることについて、支援者側にも知識や経験があった場合、共感性が高まり関係の醸成に役立つこともあります。

　ひきこもり状態にある利用者への支援として、本人のストレングス（強み）を生かした視点は非常に有効です。関心のあることや本人の得意としているところを聞き取っていきます。

## ④生活歴

　ひきこもりの直接的な原因となったエピソードがある学校時代のことや

就労先でのことなど、本人が話したがらないこともあるでしょう。なぜひきこもりに至ったのかを理解することは、エンパワメント支援を行う重要な手がかりとなりますが、最初の段階では本人から無理に聞き出すことは避け、家族や関係者などからの情報をもとに整理していきます。

⑤日常生活や社会生活など

　大まかな1日の流れや外部とのつながりについて確認をしていきます。ひきこもり状態が続くと、生活のリズムが不規則になったり、昼夜逆転した生活になったりすることも出てきます。医療や健康状態、食事や活動に関する場面について優先的に聞き取っていきます。

　また、社会生活では、家族以外についてのつながりがあるか、外出先などがあるかについても確認していきます。そのほか必要なアセスメント項目はありますが、一度にすべてを確認していくのではなく、本人との継続的な関わりのなかから少しずつ把握していくようにしていきます。

　「50」のアセスメントは、今後の支援の方向性を決定づけます。長い関わりになることが予想されますが、本人の思いや感情を理解しながら、前向きな支援について検討していきます。

# Chapter2
# ケアプラン作成・サービス調整

## 1.「80」のケアプラン作成、サービス調整
....................................................................................................

### (1) ケアプラン作成にあたっての心構え・考え方

　8050家庭の支援においてケアマネジャーが「50」の支援に関わる中で目指す最初の到達点は、「50」を相談先につなぐことです。アセスメントでは8050家庭の課題や「50」のニーズについて明らかにしました。この後、それぞれの課題の解決に向けて具体的にどのように支援していくのかケアプランで示していきます。

　支援者が「50」への支援について立案する際は、ひきこもりの状況を見極めながら支援を見立てていくことが重要です。川北稔は著書の『8050問題の深層「限界家族」をどう救うか』（ＮＨＫ出版、2019年）の中で、ひきこもり状態にある人への支援者の関わりの段階として、「関係構築」、「見守り」、「介入」というような整理をしています。「関係構築」とは、ただちに対象者の状況を変えようとするのではなく、対象者から見て支援者を信頼できる相手とみなすことができる関係を構築することを指し、「見守り」は、「関係構築」によってつながった相手を介入の機会が訪れるまで注視し続けることと説明しています。

　8050家庭の支援における「50」の支援でケアマネジャーが担う役割は、ケアプランに基づいて「50」を相談機関につなげることです。しかしながら「50」の置かれている状況において他者への拒否が強かったり、「50」自身がひきこもり等の問題について危機感を抱いていなかったりすると相談へつなげることは難しくなります。そのためケアマネジャーや介護関係者が「80」支援の傍らで「関係構築」や「見守り」を行いながら相談機関へつなぐ機会をうかがうことになります。

　ケアプラン作成にあたっては、「すぐに相談機関へつなげられるか」、「介

護支援者等との関係構築、見守り支援の段階」などといった「50」のひきこもりの状況に基づいた支援の「見立て」について行っていきます。

## ⑵ 8050家庭の支援におけるケアプラン作成

実際のケアプラン作成では8050家庭の支援についてどのように立案していくか、ここではAさんの事例を通して説明していきます。

---

●事例　Aさんのケース

### 80代の母親Aさんと
### 50代のひきこもっている息子への支援

　要支援の母、Aさん（80代）が同居の息子（50代）のことについて地域包括支援センターへ相談をしていた。「息子はここ数年ひきこもりが続いている。夜、買い出しにコンビニなどへ行くのみでほとんど家から出ない。収入もなく、親の年金から小遣いを渡している。およそ10年前に福祉課で相談をしたことがあり、その時は障害者手帳（療育手帳）を取得し、障害者の就労支援を受けて就労していたが、しばらくして辞めてしまった。それ以降、相談は途切れてしまった。自分がいなくなったときにどうすればよいのか。息子の相談に乗ってもらいたい」

　Aさんは膝の状態が悪く要支援状態で地域包括支援センターのケアマネジャーが関わっていたが、機能の低下が進み、要介護1となったため、新たに居宅介護支援事業所のケアマネジャーが関わることになった。

---

　新規依頼を受けた居宅介護支援事業所のケアマネジャーは、インテーク、アセスメントを行い地域包括支援センターの支援を受けながら、Aさんのケアプランの作成を進めました。

## ①居宅サービス計画書⑴

### ［第1表］居宅サービス計画書⑴

| 第1表 | | | 居宅サービス計画書⑴ | | 作成年月日 | |
|---|---|---|---|---|---|---|

居宅サービス計画書⑴　　　　　　　　作成年月日

初回・紹介・継続　　　　認定済・申請中

利用者名　　A　殿　　生年月日　　年　　月　　日　　住所

居宅サービス計画作成者氏名

居宅介護支援事業者・事業所名及び所在地

居宅サービス計画作成（変更）日　　年　　月　　日　　初回居宅サービス計画作成日　　年　　月　　日

認定日　　年　　月　　日　　認定の有効期間　　年　　月　　日　〜　　年　　月　　日

| 要介護状態区分 | **要介護1** ・ 要介護2 ・ 要介護3 ・ 要介護4 ・ 要介護5 |
|---|---|
| 利用者及び家族の生活に対する意向を踏まえた課題分析の結果 | (本人)「これまでと同じ生活をしていきたい。自分でできることは、できるだけ自分でしたい」<br>「息子がずっと家にいて将来を考えると不安になる。どこか相談先はないか」<br><br>(課題分析の結果) 在宅での生活を継続していくために、自分でできることを行いながら身体機能を維持していく。また、本人が安心できるように長男の相談先について検討し、生活状況など関係機関での情報共有・連携を行っていく必要がある。 |
| 介護認定審査会の意見及びサービスの種類の指定 | |
| 総合的な援助の方針 | ・Aさんがこれまで通り、自宅で暮らすために体の機能を維持しながら身の回りのことなどはできるだけ自分で行うことができるように支援します。また、息子さんの今後について一緒に考え、相談できる場所を見つけていきます。 |
| 生活援助中心型の算定理由 | 1．一人暮らし　　2．家族等が障害、疾病等　　③ その他　（　　　　　　　　　　　） |

## 【利用者及び家族の生活に対する意向を踏まえた課題分析の結果】

### ■記載内容

・(本人)「これまでと同じ生活をしていきたい。自分でできることは、できるだけ自分でしたい。息子がずっと家にいて将来を考えると不安になる。どこか相談先はないか」

・(課題分析) 在宅での生活を継続していくために、自分でできることを行いながら身体機能を維持していくことが必要。また、本人が安心できるように長男の相談先について検討し、生活状況など関係機関での情報共有・連携を行っていく必要がある。

■ケースの詳細

「80」であるAさんから聞き取った意向では、これまでと同じような生活を続けたいということと、同居の息子の将来のことについて強い不安を抱いており、相談先を探して欲しいと要望がありました。

同居の息子は仕事をしておらず、金銭や食事など生活の大部分においてAさんに依存しているようです。課題分析をした結果、息子が抱える課題を解決していくことで、Aさんの不安や負担が軽減され、生活の向上が見込まれると判断しました。

ケアマネジャーは、息子自身の意向について聞き取りを実施しようとしましたが、息子は呼びかけには応じず、面談ができなかったため、この段階では把握できませんでした。そのため、息子についてAさんへ尋ねると、求人チラシや雑誌に目を通したりすることがあり、自分でもなんとかしたいと考えているのではとの話がありました。

ケアマネジャーは、Aさんの意向やひきこもっている息子からAさんが被る影響などを考慮し、①身体機能を維持しつつ現在の生活を送る、②ひきこもりの息子を相談先へつなぐ、の2点を中心に援助を組み立てることとしました。

> ＜8050家庭のケアプランのポイント＞
> ○「80」の意向確認では、「50」の将来が不安なことや相談につながってほしい等の意向が確認できたか
> ○課題分析では、8050家庭における家族（特に「50」）への支援の必要性について示しているか

ひきこもっている「50」からは拒否などにより本人の意向が確認できない場合があります。また、確認できたとしてもひきこもっている現状について「このままでいい」という発言をするかもしれません。その際は、今後について一緒に考えていくことや、介護が必要となった母を手伝うなどの意思を「50」が表明できるように促していきましょう。少なくともケアマネジャーなどの介護支援者の受け入れについて前向きに捉えてもら

えるように働きかけていきます。

## 【総合的な援助の方針】
### ■記載内容

　Aさんがこれまで通り、自宅で暮らすために体の機能を維持しながら、身の回りのことなどはできるだけ自分で行うことができるように支援します。また、息子さんの今後について一緒に考え、相談できる場所を見つけていきます。

- - - - - - - - - - - - - - - - - - - - - - - - - - - - - - - - - - - - - - - - - - - -

### ■ケースの詳細

　「80」であるAさん本人の意向と課題分析から、自宅での生活を継続するためにリハビリや自分でできることを行い、心身機能の維持を中心としながら、訪問介護等の支援を入れていくことを方針としました。また、息子の将来を心配してどこかに相談したいという意向があり、Aさんや息子が健康的に生活していくことの必要性から息子の相談先を一緒に探すということを加えました。

　総合的な援助の方針は、本人や家族だけでなく、介護支援チームにおける支援の基本コンセプトになります。「80」の介護支援に加わるサービス事業所や医療関係者等の支援者へも「50」への支援の必要性と「50を相談につなぐための支援を行う」という方針を共有してもらうために明確に示すことが大切です。

```
＜8050家庭のケアプランのポイント＞
〇総合的な援助の方針は、介護支援チーム全体が、8050家庭へ
　の支援の必要性と「50」を相談先につなげるという支援方針
　を共有できるように設定する
```

## ②居宅サービス計画書(2)

　第2表では、「50」の支援について説明していきます。ここは「50」の状態によって対応が変わってくるので、いくつかの視点について説明します。

## ［第2表］居宅サービス計画書⑵

| 第2表 | | | | | | | | 作成年月日 | | |
|---|---|---|---|---|---|---|---|---|---|---|

居宅サービス計画書⑵

利用者名　　A　　殿

| 生活全般の解決すべき課題（ニーズ） | 目標 | | | | 援助内容 | | | | |
|---|---|---|---|---|---|---|---|---|---|
| | 長期目標 | （期間） | 短期目標 | （期間） | サービス内容 | ※1 | サービス種別 | ※2 | 頻度 | 期間 |
| 下肢機能の低下があるため、自分でできることを行いながら身体機能を維持していく | 身体機能を維持し自宅での生活を継続する | 令和●年▲月■日～令和●年△月□日 | リハビリや運動機能訓練を行い安定して屋内外を歩くことができる | 令和●年▲月■日～令和●年△月□日 | リハビリプログラムの実施、指導及び下肢機能の評価 利用者や職員との交流 手すりの設置（玄関・浴室） | ○ ○ | | 「50」が具体的な介護等が可能な場合は、インフォーマルな援助内容として設定 |
| 食事や片付けを手伝ってほしい | できることは自分で行いながら自宅での生活を続けていく | 令和●年▲月■日～令和●年△月□日 | 簡単な家事を行うことができる | 令和●年▲月■日～令和●年△月□日 | 買い物・食事づくり・片付け | ○ | 訪問介護（生活援助） | | | |
| | | | | | 買い物・片付け・洗濯など | | 家族 | 長男 | 毎日 | |
| 「息子について心配している。今後の仕事や生活について相談できる場所がほしい」 | 親子ともに不安や悩みを相談することができる | 令和●年▲月■日～令和●年△月□日 | 長男が自分の相談先につながる | 令和●年▲月■日～令和●年△月□日 | 親子の不安や困りごとの相談 長男の相談先について調整 | | ケアマネジャーほか | ○○居宅介護支援事業所 | 随時 | |

※1 「保険給付対象かどうかの区分」について、保険給付対象内サービスについては○印を付す。
※2 「当該サービス提供を行う事業所」について記入する。

「50」への支援の部分

## 【生活全般の解決すべき課題（ニーズ）】

### ■記載内容

「息子について心配している。今後の仕事や生活について相談できる場所がほしい」

......

### ■ケースの詳細

　ケースでは、生活全般の解決すべき課題（ニーズ）として、ひきこもっている息子について相談先につなげることも整理しました。

　「50」の課題についての最終的な目標は、親へ依存することなく自立して生活することです。しかし、そのことに向けての支援は「50」の支援先の役割となりますので、ケアマネジャーの役割は、「50」の相談先へつなぐことが目標となります。したがってケアプランでは「50」を相談先へつなげ、「80」の不安の軽減を図ることがこの段階でのニーズとなります。

＜8050家庭のケアプランのポイント＞
〇課題分析にて整理した「50」の課題（ニーズ）について明記
　する
〇8050家庭の支援におけるケアマネジャーが目指す最初の到達
　点は、「50」を相談先につなぐこと

## 【目標（長期・短期）】及び【援助内容】

■記載内容
・長期目標：親子ともに不安や悩みを相談することができる
・短期目標：長男が自分の相談先につながる
・援助内容：親子の不安や困りごとの相談、長男の相談先について調整

■ケースの詳細

　8050家庭の支援におけるケアプランでは、目標設定と援助内容について策定が難しいところです。「50」の支援における目的は相談先につなげることですが、「50」の置かれている状況に応じてアプローチの方法は変わってきます。

　例えば、「50」に他者への強い不安や拒否感情がある状態だと、相談や外出などを促す働きかけでは、不安感を募らせ、ますます拒否につながる傾向があります。こうした場合、ケアマネジャーや自宅へ出入りしている支援者が何度も「50」と顔を合わせ、声をかける、日常的な話をするなどの働きかけを行い、少しずつ不安を取り除きながら関係づくりをしていきます。

　一方、ケースのＡさんの息子のように「これからのことを考えていきたい」など、本人から前向きな意向が確認できるのであれば、本人の意思を尊重し、相談先につなげる等の目標を設定してよいでしょう。本人の思いがその後の動きにも関わってくるので、自分から前向きな意思を示してもらうことが大切です。

　精神科医の原田豊は、ひきこもり本人へのアプローチとして「本人を変

化させるための働きかけでなく、本人の生活にメリットがありそうなことを考えて提案すること」と述べています（原田豊『支援者・家族のためのひきこもり相談支援実践ガイドブック』108頁、福村出版、2020年）。「50」が自分の相談をすることで、不安な気持ちを吐き出したりできる、世の中の客観的な情報を他者から得たりできるなど、今時点の「50」にとって有益であると提案をする働きかけは効果的な方法といえます。

　また、自分のことより親のことについて考える子どももいます。その場合は、自身の現実から目を背ける心理状態が考えられますが、この状況を活用する方法として支援者が「80」の健康状態や介護サービスの実施状況などについて会話をしながら関係性を深めるというアプローチも有効です。「80」の介護の話題を通して、「50」が家事や介護を手伝うことに発展していくこともあります。

　「50」が具体的な介護等が可能な場合は、インフォーマルな援助内容として設定してもよいでしょう。「80」の生活場面の声掛け、食事や片付けなどの簡単な手伝いだけでも十分です。「50」に介護の役割を持ってもらうことで活動の意欲が高まることが期待できます。また、身近な家族からの介護は「80」にとっても嬉しいものであることが多いです。

　いずれにしても、「50」の状況を見極め、性急に進めないということを前提に支援を組み立てていく必要があります。

---

＜8050家庭のケアプランのポイント＞
○「50」の状況に応じたアプローチ。ケアマネジャーを中心とした介護支援チームとの関係構築や見守りを続け、相談につなげるタイミングをはかる
○援助内容では、「50」が「80」を介助する役割分担についても検討し、具体的な介助等があればインフォーマルな援助内容として設定する
○「50」を相談につなげるまで相当の時間を要する。結果つながらないままもあり得る。それでも急いで進めないことが大事

---

## ⑶ サービス調整

　ケアプランによる支援の実施に向けて、介護サービス事業者等との利用に関する調整を行います。8050家庭の支援を盛り込んだケアプランでは、「80」のニーズに対するサービス調整だけでなく、総合的な援助方針として「50」を相談先につなげることを示しているので、「50」に対する働きかけや見守りについて、協働してくれる支援機関とチームの形成をしていきます。

　介護サービス事業所とは、アセスメントで把握した8050家庭の状況や「50」の具体的な課題についても共有しておきます。

　特に訪問介護や訪問看護、配食サービスなど定期的に自宅に訪問するサービスについては、自宅へ出入りの際に「50」と顔を合わせる機会があることが予想されます。対面の際、どのような対応をしたらよいかなど、簡単に確認しておくとよいでしょう。

　この後にサービス担当者会議を開催するので、その場でアセスメントで得た詳細な情報や課題について共有していきます。


# 2.「50」側の支援調整

　ケアマネジャーが「50」の支援調整を行う際、「50」自身が相談する先を探すことになります。「50」のニーズに応じて、行政窓口やひきこもり相談、障害者相談、精神科医療機関等にアクセスします。ケアマネジャー自身が「50」側の相談先などの社会資源について把握している場合は、直接、支援機関へ相談してもよいでしょう。地域包括支援センターへは支援調整等も含めてケースの相談を継続的に行っていきます。

### ①「50」側の子の相談・支援機関

　8050問題で重視すべき社会資源は、第 2 章Chapter 1 で説明していますが、「50」側の相談、支援機関には、以下のような機関があります。

### 【ひきこもりの専門機関】

　各都道府県に設置されている「ひきこもり地域支援センター」は都道府

県に１か所程度の設置のため身近にない場合があります。また、自治体では、ひきこもり相談の窓口は保健所や市役所福祉課が窓口のところもあれば、保健センター、事業委託している関係機関などさまざまです。民間の相談・支援機関などもそれぞれの地域には存在しますが、その専門性などを推し量ることは難しいといえます。地域の情報収集などを行った上で相談していきましょう。

【障害のある方の相談機関】

　身体障害者手帳や療育手帳、精神障害者保健福祉手帳を所持している、またはその疑いがある場合は、上記の他にも障害者相談支援事業への相談も視野にいれます。ひきこもり者は、相当の割合でなんらかの障害や疾病があると報告されています。発達障害などは、障害者手帳を取得していない人もいますが、コミュニケーションや対人場面の困難さから学校や職場の人間関係のなかでつまづいてしまいひきこもりに至るケースも多くあります。

　市町村の地域生活支援事業における必須事業である、基幹相談支援センターや障害者相談支援事業では、市町村によって相談機能は異なりますが、サービスにつながっていない障害のある方の相談などに対応しています。また障害者手帳は持っていないが、障害に関わる診断や疑いがあり、生活に困っている人へも対応しています。就労支援や日中活動など障害福祉サービスが必要となった場合は、サービス等利用計画を作成・支援する障害者相談支援事業所へアクセスしましょう。

【精神科受診が必要となる場合】

　「50」自身に精神疾患が疑われる場合など、精神科医療機関等へ相談していきます。ひきこもりの生活のなかで、うつ状態で意欲が低下していたり、感情的な起伏が激しく見られたり、妄想や幻聴・幻覚などにより日常生活に支障が及んでいる場合などは受診が必要です。また、自傷行為や他害行為が見られる場合は緊急的な対応が必要となります。保健所や各市町村の保健センター、障害福祉担当などへ迅速につなぎましょう。

　精神科医療機関等への受診は、本人が通院しなければならないため、家族等の同行が難しければ、通院への働きかけや同行支援が必要になりま

す。地域によっては精神科アウトリーチなどによる自宅への訪問診療が可能な場合もありますので、各医療機関や保健所等へ相談していきます。

**② 「50」側の子の相談機関への相談の方法**

「50」は自宅からの外出が困難な状況だと想定されます。相談機関へは親である「80」や「50」の兄弟からの相談が中心となるでしょう。ケアマネジャーは、「50」本人や「80」、その家族からの依頼を受けて関係機関へのアクセスを開始します。相談機関へは必要に応じて「50」側の子が家族等と一緒に行くことが望ましいですが、「80」側の親などが相談に行くことが難しい場合は、ケアマネジャーから直接関係機関へ相談していきます。

「50」側の相談支援の動きは、ケースによってさまざまですが、基本的に情報収集をしながら子のアセスメントを行い、支援方法について検討していくのは「80」の支援と共通です。

ケアマネジャーは「80」のインテークやアセスメントで得た「50」側の状況について情報提供をします。「50」を相談につなげていく際は、本人の意向を受けて行いますが、意向が確認できない場合も多いと思います。その場合、家族からの相談としてつないでいきます。

## 3. 多職種連携

### (1) 多様な専門職との連携〜誰と連携するのか〜

8050家庭の支援では「80」側と「50」側、さらに家族全体の支援者というように多くの支援者が関わることになります。また8050家庭の状況によっては、関わる支援者等が異なります。ここでは、ケアマネジャーの立場から誰とどのように連携するか見ていきます（表1）。

そのほかにも8050家庭の状況によって「50」の兄弟や姉妹、親族、知人、その地域特有の支援者などもいるでしょう。都市部であればNPO法人や民間の支援団体、地方であれば近隣の世話役的な人などがいる場合もあります。ケアプランの支援方針に沿って協力してもらえる支援者に援助を求

めていきましょう。

## 表1　さまざまな支援者とその役割

| ①80側の支援者 | 8050家庭の支援における役割 |
|---|---|
| ケアマネジャー | ・ケアプランの作成／担当者会議<br>・「80」支援のとりまとめ<br>・「50」支援チームとの調整 |
| 介護サービス事業者 | ・ケアプランに基づいた介護支援<br>・「50」の状況把握・声掛けなど |
| 医療関係者 | ・ケアプランに基づいた医療支援<br>・「50」の状況把握・声掛けなど |
| 地域包括支援センター | ・ケアマネジャーの後方支援／地域ケア会議の開催 |
| 配食・送迎等の有償サービス | ・ケアプランに基づいた支援<br>・自宅内や「50」の様子についての気づき |

| ②「50」側の支援者 | 8050家庭の支援における役割 |
|---|---|
| 担当相談員<br>・障害者相談支援専門員<br>・ひきこもり支援相談員<br>・自立支援相談員など | ・「50」の支援計画などの作成／担当者会議など<br>・「50」支援のとりまとめ／「80」支援チームとの調整<br>・ひきこもり者への相談など<br>・自立支援や就労へ向けての支援など |
| 障害福祉サービス事業所 | ・サービス等利用計画に基づいた支援 |
| 基幹相談支援センター | ・障害者相談支援専門員への後方支援<br>・困難事例等における支援会議など |
| 医療機関 | ・「50」への医療支援 |
| 行政（保健所や市役所） | ・「50」への支援など |

| ③地域の支援者 | 8050家庭の支援における役割 |
|---|---|
| 民生委員 | ・8050家庭の見守りなど |
| コミュニティソーシャルワーカーなど | ・8050家庭の見守りなど<br>・地域のインフォーマルサービスなどの調整 |
| 町内会など | ・8050家庭の見守りなど |

著者作成

## ⑵ サービス担当者会議（「80」側）の開催

　ケアプラン原案の作成を終えると、サービス担当者会議を開催します。サービス担当者会議は、利用者である「80」への支援を行う介護サービス関係者が中心となりますが、この段階で「50」の支援検討や相談につなぐ準備が整っている場合は、「50」の支援者の参加を依頼しましょう。

　サービス担当者会議の目的は、利用者のケアプランの支援内容に沿って支援方針や役割について支援機関と共有し、支援方針を決定することです。意見の相違が予想される点などは、会議前の段階から調整をしておくことも必要です。「50」側の支援者が参加する場合は、「50」の課題についても検討することになりますので、論点の整理や検討課題などの絞りこみなど、事前調整は十分に行います。

　引き続きAさんの事例をもとに説明していきます。

●事例　Aさんのケース（続き）

### Aさんのサービス担当者会議の実施

　ケアプランの原案作成後、サービス担当者会議の開催をすることとなりました。Aさんの息子は、自分自身の今後について不安が大きく、相談するかどうか迷っている状態です。

### ①会議の招集と事前準備

　サービス担当者会議開催のため、Aさんのケアマネジャーは、関係機関へ出席の依頼を行いました。Aさんが利用する介護保険サービスの訪問介護事業所や通所リハビリ事業所などを中心とし、ケアマネジャーの後方支援として地域包括支援センターにも参加を依頼しました。関係機関へは、8050問題を抱えたケースで、同居の息子の課題や支援についても会議の場で検討することを伝えました。

　息子の相談機関としては、以前関わりのあった市役所の福祉課に出席を求めました。また、基幹相談支援センターへも出席を依頼し、息子につい

ての支援の見立てや具体的な支援先について意見が欲しいと事前に伝えました。

　会議にあたっては、息子にも声をかけました。これからのＡさんの介護サービスの開始と自分の相談機関が参加するということで、悩んだ末に、出席について承諾してくれました。

　この事例のサービス担当者会議では、初めて顔を合わせる関係者が多いので、あらかじめケースの概要や必要事項について伝達しておきます。また、ケアプラン原案の内容にも触れ、会議の中で求めたい意見や助言等についてあらかじめ伝えておくとよいでしょう。事前準備や調整が十分であるほど、有意義な検討の場となるので可能な限り準備をしていきます。

---

<　Ａさん担当者会議　出席者＞

Ａさん【80】　息子【50】

（Ａさん（母）の支援者）

・担当ケアマネジャー

・訪問介護事業者

・通所リハビリ事業者

・配食サービス事業者

・地域包括支援センター

（息子の支援者）

・市（障害者福祉）の担当者

・基幹相談支援センター

---

## ②会議の進め方

　ケアマネジャーは参加者の自己紹介をした後、会議の趣旨を説明しケアプランの説明をしていきます。Ａさんが息子のことを心配していること、息子の相談先がほしいという本人たちの意向を確認します。

　Ａさんの生活に関わってくる課題の一環として、息子の課題と支援について検討をしていきます。このケースの会議では息子本人や息子の相談機関が同席していたため、息子の意向確認を経て、「今後の相談をしていく」

という結論で終えることができました。息子を相談機関につなぐことができたので、今後は息子の相談については、そちらの相談機関を中心に相談を行っていくこととなりました。

　そのほかの議題として支援の役割やモニタリング、情報共有の方法（Aさんの支援に関してはケアマネジャー、息子の支援については相談先）などについて確認して終了しました。

## ［第4表］サービス担当者会議の要点

| 第4表 | | | サービス担当者会議の要点 | | | | |
|---|---|---|---|---|---|---|---|
| | | | | | 作成年月日： | | |
| 利用者名：A | | | | 居宅サービス計画作成者（担当者）氏名： | | | |
| 開催日時： | | ： | 開催場所：自宅 | | 開催回数： | | |
| 会議出席者 | 所属（職種） | 氏名 | 所属（職種） | 氏名 | 所属（職種） | | 氏名 |
| 利用者・家族の出席<br>本人：【A 】<br>家族：【○○ 】<br>（続柄：長男） | 本人 | | ○○デイケア | | 基幹相談支援センター | | |
| | 長男 | | 地域包括支援センター | | 居宅介護支援事業所 | | |
| | ○○訪問介護事業所 | | 市役所福祉課 | | | | |
| 検討した項目 | ①本人および家族の希望確認<br>②現在の身体状況と生活状況・困りごと・生活ニーズの確認。<br>③ケアプラン内容の確認と各担当者の役割分担の確認<br>④今後の課題について | | | | | | |
| 検討内容 | ①本人及び家族の意見<br>　＊本人⇒「これまでと同じように生活を続けたい。自分でできることは、できるだけ自分でしたい。息子の将来が不安。どこかに相談先はないか」<br>　＊長男⇒「自分の今後について相談していきたい」<br>②身体状況⇒外出先にて転倒し、下肢機能がさらに悪化している。家事等で立つことや移動に痛みがともない困難になっている。物事を忘れっぽくなってきた。予定を何回も確認することがある。<br>　生活状況⇒買い物や調理は自分で何とか行えているが、総菜など簡単なものを購入して食べることが多くなった。足の状態が悪いときは立てないので、家事等できないでいる。<br>③ケアプランの内容や役割分担確認<br>　居宅サービス計画書の内容について確認・情報共有を行った。<br>④今後の課題<br>　本人の自宅での負担を減らすために長男ができることについて考えていく。 | | | | | | |
| 結論 | ・Aさんの負担を減らし、安心することができるように長男自身が課題の解決に向けて動くために相談先へつなげていく。<br>・長男に対して挨拶や声掛けなどコミュニケーションをはかっていく。 | | | | | | |
| 残された課題 | ・長男の相談先の事業所が決定したら、ケアマネジャーを経由して連携、情報共有を図っていく。また長男の支援課題等について相談先主催の会議に参加して改めて確認をしていく。 | | | | | | |

## ③「50」の拒否が強く会議に参加しない場合

　この事例では、「50」側の息子が自分自身の相談について前向きにとらえ会議に参加していますが、子どもが支援を拒否したり、他者との接触すら避けていたりするケースも見られます。そうしたケースは、子どもの意向も不明で、サービス担当者会議への出席を呼びかけても参加してくれな

いことになり、相談機関の介入も難しいでしょう。

　このような場合、「80」側のサービス担当者会議では8050家庭の現状と課題の共有を行い、「50」をこの先の相談につなぐことができるように、まずは介護支援チームの関係構築や見守りについて方針を共有していきます。

## ⑶ 8050家庭の支援におけるサービス担当者会議のポイント

### ①多職種の視点を活用した情報共有

　「80」側の親、「50」側の子それぞれにさまざまな専門職などが支援に携わるため、多様な視点を最大限活用できるように会議を実施していきます。ケアマネジメントにおいて重要なポイントは、家族全体の支援を考えるにあたり、支援方針のすり合わせと共有をすることです。特にアセスメントにおける支援の見立ては、各々の見方が異なると支援にズレが生じます。例えば、医療や福祉の視点の切り口はそれぞれ異なって当然ですが、今ある利用者の状態の理解や向かうべきゴールなどは、共通認識を持たなければなりません。

　8050家庭の支援は、「80」側の支援者と「50」側の支援者がいるため、それぞれの支援対象を中心に考えると、考え方の違いが顕著に表れてきます。例えば、「80」の生活向上を目指すには「50」が早く自立することが必要で、そのために「50」の支援者には急いで就労、福祉サービスへつないでほしいと考えるでしょう。反対に「50」の支援者は、「50」に寄り添いながら、じっくりと信頼関係を築きたいので、「80」や「80」の支援者には焦ることなく見守ってほしいと考えます。

　こうした支援のスピード感については支援者間で大きな違いが出てくる傾向があります。実際「50」のひきこもり状態について状況を改善させるにはかなりの時間を要します。「80」の支援者であるケアマネジャーは、「50」の支援者の意見を聞きながら、支援のスピードのすり合わせをはかっていきます。

### ②役割の明確化

　ケアプラン原案には、支援の各担当者が会議で確認しやすいように支援

内容や達成時期について具体的に記述しておきます。サービス担当者会議では、ケアプランに示した役割のほかに新たな役割が確認されることがあります。会議参加者の意見交換を経て、支援のアイデアや地域の支援者などのインフォーマルな役割について提案されることがあるでしょう。また、「50」側の具体的な支援内容などが出てくることもあります。各担当者の役割等を再度確認し、プランを完成させましょう。細かな支援や役割については、別途書面や記録にまとめて、モニタリングや次回のサービス担当者会議等で進捗を確認します。

## ⑷ その他ケアマネジャーが関わる会議

### ①「50」側のサービス担当者会議

　「50」が就労支援などの障害福祉サービスを利用する場合、障害者への相談支援を行う相談支援専門員が「サービス等利用計画」を作成して支援します。介護保険のケアマネジメントと同じように「50」である利用者の意向や家族の希望を聞き取り、ニーズを整理して計画を立案します。その後、サービス担当者会議が開催されるので、ケアマネジャーが参加を求められた場合は、家族である「80」の支援者として参加します。会議では、「80」の意向や支援方針、生活状況などについて伝えていきます。

　「80」側、「50」側のそれぞれの支援がそれぞれの計画に基づき進められていきますので、進捗確認や支援のすり合わせの場として、お互いのサービス担当者会議を活用していきます。

### ②地域ケア会議

　サービス担当者会議は、介護保険制度に位置付けられた会議ですが、支援困難ケースや家族全体の課題があるケースなどは、地域包括支援センターが主催する「地域ケア会議」にて検討されることもあります。介護保険のサービス担当者会議はケアプランやサービス利用支援などの話が中心となるため、支援方針の助言や内容について深く掘り下げることや専門的な協議が必要な場合には、地域包括支援センターへ相談していきましょう。

　地域ケア会議では、サービス担当者会議同様に「50」の支援関係者や専門的な各職種、地域の支援者などが参加し、困難ケースの支援課題など

について検討していきます

　また、「50」側の支援者が障害者の支援として関わっている場合、基幹相談支援センターや市町村相談支援事業が主催となって、困難ケース検討のための支援会議を開催することがあります。

　会議参加の依頼があった場合、ケアマネジャーは「80」側の支援者として参加し、必要な情報提供や支援検討を行います。

# Chapter3

# 実際の支援とその後

## 1. 支援の実施にあたっての注意点

　サービス担当者会議の実施を経て「80」への支援が開始されます。このChapterでは、実際の支援にあたり注意しておきたい点や情報共有について触れていきたいと思います。また、支援後に行われるモニタリングのポイントについても説明します。

　ケアマネジャーは、親子との関係性を念頭に置きながら「50」を相談先へつなげるタイミングを見計らいます。「50」は早い人で学齢期、青年期からひきこもりになり、他者との関わりを避けながら「50」の現在まで至っています。そうしたなか、ひきこもりから即座に脱却させるような性急なアプローチは、「50」へ精神的な負担をかけ不信感を与えることになるとともに、さらに拒否的な状況を引き起こすことが予想されます。その結果、親子間の関係や支援者との関係を悪化させることになります。

　また、「80」の親についても「50」に関する不安の払拭やひきこもりの課題解決について働きかけていく必要があります。

　8050家庭への関わり始めは特に信頼関係の形成と情報収集の期間と捉え、丁寧に関わっていくことが必要となります。

### ⑴「50」とのかかわり方について～関係構築と見守り～

#### ①ひきこもり支援の困難さ

　「50」のパーソナリティや置かれている状況により関わり方はさまざまですが、共通している課題として「ひきこもっている」、「生活について親へ依存している」というキーワードがあります。また、これまでの生活歴のなかに社会での人間関係がうまくいかなかった経験が少なからずあり、他者に対して何らかの壁が存在します。その壁はひきこもりの期間が長くなるとともに強固になり、他者からの介入を拒むようになります。

ケアマネジャーを始めとする支援者は、そのような非常に困難な状況の中で関わりを持っていくため「50」の状況に応じた働きかけが必要となってきます。

　ある支援者の話ですが、ひきこもりの利用者に対して信頼関係を築くことを中心に長年関わっていたことがありました。あるとき、「いつまでこのような関わりを続けていくのか、早く就労などへつないだ方が良いのでは」と焦燥に駆られ、就労サービスを利用することについて本人へ積極的に促したことがありました。利用者はサービス利用の提案に戸惑い、不安が募り、信頼関係が崩れてしまった事例がありました。

　ひきこもり当事者は繊細な人が多いと感じます。本人や親が高齢化してくると時間的な猶予もないため、支援者は焦りを感じてしまいますが、利用者との関係性が一旦壊れてしまうと再構築する時間はさらに必要となるでしょう。

　また、年齢を重ねた「50」にとって能動的に環境変化を求めていくことは難しいです。しかしながら「50」の生活環境が崩れるターニングポイントがあります。その時に備えて関係構築をベースとして見守りの支援を続けていくことが大切です。

## ②50にとって安心できる存在になる

　ひきこもっている「50」と関わりを持つ上で重要なことは、ケアマネジャーが「50」にとって安心できる存在であることです。ひきこもりの「50」にとっての最大の不安は、今のひきこもっている状態が崩れて、環境が変化してしまうことにあります。ケアマネジャーが親の支援者として来訪したとき、「50」にとっては突如現れた脅威であると感じ、強く警戒するでしょう。そのため、ケアマネジャーは「あなたの味方である」ということを示していかなければなりません。いきなり「50」に対して「あなたはこのままではいけないから、すぐにでも相談にいきましょう」という働きかけは、受け入れられないどころか今後聞く耳を全く持ってもらえなくなる可能性すらあります。

　ケアマネジャーや介護支援者は、「50」との接触機会を増やしつつ、何気ない挨拶や「体調はどう?」「お母さんの様子は○○だったよ」などと

「50」の今ある状況を脅かすことなく、寄り添った声掛けを続けながら関係構築を図ることが重要です。

　次のステップとして、「50」が自分のひきこもっている問題に目を向け、どう他者への相談に意識を向けていくかについて考えていかなければなりません。「50」と関係構築ができてくると少しずつ会話ができるようになってきます。「50」本人が支援者に向けて自分から言葉を発信する時がひとつのタイミングです。支援者は「何か困ったことはない？」というメッセージを投げかけ、「50」の困りごとを引き出すことができれば、その先の相談につながる可能性が出てきます。

　ケアマネジャーは、訪問の回数も限られているため、こうした背景を頭に入れながら、「50」と顔を合わせる貴重な機会を大切にしていきます。また、他の介護支援者にも「50」への関わり方について共有を図りながら家族全体の支援を行います。

### ③「50」との対面が難しい場合

　「50」と顔を合わせることが難しい場合などは、訪問の度に「50」の生活状況について把握していくことを続けましょう。確認できる範囲でよいので日々の状況や変化が見られたときなどのエピソードを記録していきます。そのなかで、「50」に声をかける機会があれば、簡単な挨拶程度から始めましょう。また、自室にいる「50」に聞こえるように「80」への声掛けを行うことは、介護支援者の存在について間接的に「50」へ示すことになります。対面が叶わずとも、支援者は「50」の認識や生活空間の中に少しずつ入っていく試みを続けていくとよいでしょう。

## ⑵「80」との関わり方～「50」へのプレッシャー～

### ①悩む親子との関わり

　支援者の「80」への関わり方にも注意が必要です。親がひきこもりの子どもに抱く心情として、強い願望や不満が見られることがあります。「80」はひきこもっている「50」へ不安や不満といった感情を抱えています。親に頼らず自立してほしいと強く願っているかもしれません。そうした「80」の気持ちが表出されると「50」へのプレッシャーとなってしま

います。

　外部の支援者を前にして、これまで苦労して関わってきた不満や子どもに対する「こうあってほしい」という感情が溢れ出てしまうことがあります。また、「80」は敢えて「50」の前でそのような感情を吐露する場合もあります。「50」も同様の感情を吐き出すこともあるでしょう。

　こうした時のケアマネジャーの立ち振る舞いは、「80」の不満をなだめつつ、「50」の今を受け止めるという双方へ難しい対応をしなければなりません。

　「80」が「50」について話をするときは、「50」の聞いていない場所で話をしましょう。ひきこもり者は自分のことについて話が及んでいることに敏感です。ケアマネジャーと「80」の話の中で早く自立してほしいなどの話を「50」が耳にした際は、ケアマネジャーは親のいいなりで、自分をおびやかす外部者と認識され、拒否につながることになります。ケアマネジャーは、あくまで「80」の支援者であるという認識を「50」に持ってもらうことが良いでしょう。

　一方、「80」側の立場になれば、ひきこもっている「50」のことでずっと悩んでいます。育て方が良くなかったと自分を責めていたり、あの時にもっとこうすればよかったと後悔していたりします。長く子どもへの対応に苦慮しながら、疲弊してきています。「50」は、そうした「80」の心情を理解すればするほど自分を責め、苦しくなります。あるいは、逆にこうなってしまったのは親のせい、他者のせいなどと責めるかもしれません。

　ケアマネジャーをはじめとした介護支援チームは、そうした「80」の気持ちに共感的な態度を示しつつ寄り添いながら関わっていきます。「80」の不安が和らぐと、「50」への言動に変化が起き、家庭内の雰囲気や親子の関係が改善されることがあります。

## ②「50」のひきこもりを受け入れている親子との関わり

　「80」自身がひきこもりの「50」の現状についてそのままで受け入れているパターンもあります。「自分が面倒を見るからいい」、「無理をさせるのはかわいそうだから」という過度な甘やかしもあるでしょうし、下手に刺激して「50」の反応が怖いからそっとしておくということもあります。

また、いろいろと今まで手を尽くしたが、何も変わらなかった、もういいという半ば諦めの心境であるかもしれません。

「80」と「50」の距離が近く、共依存の関係にあったり、反対に関係が希薄であったりする結果、現状のままを受け入れる傾向があります。「80」自身が「50」のひきこもりについて課題として受け止めてもらう必要があります。

ケアマネジャーや介護関係者は、「80」への相談の際には、「50」のこれからについて不安を煽るのではなく、ケアプランのなかで「50」への支援を提案しながら関わっていくことが求められます。

# 2. 支援開始後の情報共有

実際の支援が始まると、ケアプランにおける介護保険サービス等の支援状況や利用者の変化などについて情報共有が行われます。8050家庭の支援については、「50」の状況についても確認していくため、「50」側の支援チームとも情報共有をしっかりと行わなければなりません。

支援開始直後は、頻回な情報交換が行われるでしょう。新たな発見や想定していたことと異なることも出てくるため、その都度、調整をしながら共有を図っていきます。

## ⑴ 情報共有の難しさ

支援を続けていくと、アセスメントでは確認できなかったさまざまなことが明らかになり、日々の生活上の情報が積み上げられてきます。新たに把握した情報について関係機関で共有ができていないと他事業所から「知らなかった」、「聞いていなかった」ということが出てきますし、ケアマネジャー自身も知らなかったということも起こり得るでしょう。介護保険サービスの具体的な内容においても「80」の身体介助の方法や調理・掃除の決まりごとや手順などのズレは多くあると思います。

8050家庭の支援においては、支援方針に基づいて「50」についての情報収集や見守り等も必要になってくるため「50」側の支援チームとも共

有を図る必要があります。ケアマネジャーは情報を把握・整理し、どの情報をどこへ伝えるかも判断していかなければなりません。また、支援の変更に関わる情報については、いち早く共有して確認や検討をしていきます。

　支援者間での情報共有はもちろん重要ですが、チームアプローチにおいては、その基礎となるアセスメントと見立ての共有が、より重要です。支援チームは、サービス担当者会議にて支援方針を確認して支援にあたりますが、次第に見立てのズレが生じてきます。見立てに違いが出ると、日々の情報の捉え方も異なってきます。

　初回以降に開催されるサービス担当者会議にてアセスメントや支援方針は確認しますが、それまでのズレについては、ケアマネジャーが支援機関に働きかけ、修正を図っていく必要があります。

　ケアプランによる支援が続く限り、利用者の情報は日々更新の繰り返しです。得た情報はアセスメントや見立ての材料となり、支援方針につながります。チーム全体で情報把握と共有を行うことができるようにケアマネジャーは全体をまとめていく役割を担っていきます。

## ⑵ 「50」側との情報共有

　「50」側の情報共有は、「50」側の支援チームの中心となる関係機関へ情報を伝えます。各機関それぞれと相互に連絡するのは大変なので、ケアプランやサービス担当者会議のなかで「50」側の支援チームのとりまとめをする人を決めておき、基本的な情報等についてはその担当者とやり取りを行います。例えば、「50」が就労支援などの障害福祉サービスを利用している場合は、サービス等利用計画を作成する相談支援専門員が「50」側チームのとりまとめ役として情報共有を行います（図１）。それぞれの支援機関に関わる具体的な事項が出てきた場合は、その関係する支援機関に直接伝えます。

　「50」側から「80」側が情報共有を受ける際は、ケアマネジャーに情報を集めるようにし、ケアマネジャーは各サービス事業者へ必要なことを伝えていきます。

**図1　情報共有のイメージ（「50」が障害福祉サービスを利用している場合）**

「80」側支援者　　　　　　　　　　　　　　　　　　　「50」側支援者

| デイサービス事業所 | | 訪問看護（精神科） |

情報共有

| ケアマネジャー | ⟷ | 相談支援専門員 |

| 訪問介護事業所 | | 就労継続支援B型事業所 |

※就労継続支援B型事業所：障害福祉サービスの1つで一般企業に雇用されることが困難であって、雇用契約に基づく就労が困難である者に対して、就労の機会の提供及び生産活動の機会の提供を行います。

著者作成

## (3) 8050支援に必要な情報とは

　情報共有する際に、どのような情報を共有すべきかという迷いがあります。利用者や家族の細かな情報などを逐一やりとりすることは、現実的ではありません。情報共有するべき点としては、サービス提供時の状況やケアプランの進捗、利用者のあらたな発見や変化などがあります。

　8050家庭の支援においては、「80」と「50」の関係性、「50」の変化や新たな発見について情報共有が必要です。「普段は寡黙な「50」だが、こんな一面があった」とか「このようなことに興味があった」など、新たな知見を得ることができるかもしれません。とりわけ、外部から支援者が入ることによって、「80」や「50」の状態、両者の関係性にどのような変化が起きたのかは押さえておくべき点です。ポジティブな変化が見られた際は、どのような点が良かったのか、そしてネガティブな変化が見られたのならば、その原因について検証し支援を修正していかなければなりません。

　さらに支援のチームアプローチを展開していく際に、どの事業所（支援者）がどの程度の関係性を形成しているか、分析していく必要があります。8050家庭はこれまで相談につながってこなかった経緯からして、親子ともに他者との関わりを苦手としているため、各支援者との関係形成の評価が必要です。支援が進むと、それぞれの事業所（支援者）と親子の関係性について差異が生じてきます。

例えば「50」は、行政の担当者には反応が乏しいのだけど、毎日の配食サービスのスタッフには挨拶や簡単な会話をするとか、「80」は福祉関係者にはあまり話をしたがらないが医療関係者には自分からよく話をする、といったようにそれぞれにおいて関係性の濃淡が出てくるでしょう。

　各支援者との距離感の違いは当然なことですが、大切なのは今、親子がそれぞれの支援者たちとどのような関係にあるのかを確認して分析を行い、支援者間で共有していくことです。また、関係性が比較的できている支援者から、親子に対して物事の聞き取りや提案を行っていく、という方法も利点があります。この場合、関係ができている支援者のどのような働きかけが影響を及ぼすのかについて分析することも必要です。あくまでチームアプローチなので、各支援者ができているところ、できていないところをケアマネジャーが把握しながら、効果的な支援を行うことが望ましいのです。

## 表1　「80」と「50」の支援者の情報共有（例）

| 情報共有の項目 | 「80」の情報 | 「50」の情報 |
|---|---|---|
| 1）支援方針や内容に関すること | ケアプランの進捗<br>サービスなどの利用状況<br>支援内容の確認や追加 | サービス等利用計画の進捗<br>サービスなどの利用状況<br>支援内容の確認や追加 |
| 2）心身の状況（医療情報） | 健康状態・受診の状況 | 健康状態・受診の状況 |
| 3）親子間のコミュニケーション | （例）「50」のサービス利用について尋ねている様子 | （例）自分から「80」へ話をする場面が増えているようだ |
| 4）支援者とのコミュニケーションや距離感について | （例）訪問看護の看護師に「50」との昔の話をしてくれた。支援者にも慣れてよく話をしてくれる | （例）ヘルパーの〇〇さんへ挨拶をしてくれた。当初より肩の力が抜けているように感じた |
| 5）そのほかの出来事 | （例）数年ぶりに亡くなった夫の墓参りに息子と出かけた | （例）求人チラシを自分の部屋にためている様子 |

著者作成

## ⑷　ケアマネは旗振り役

　8050家庭の支援を行う際、誰が中心となって家族全体のマネジメントをするのかという疑問があります。家族全体のソーシャルワークを担う役割が必要となりますが、今のところ制度上相当する機能はありません。

　「80」から支援が始まった場合、「50」が相談機関につながり「50」の支援チームが確立するまでは、ケアマネジャーが8050家庭の支援を牽引

する必要があります。「50」の支援チームが動き始めたら、ケアマネジャーや「50」の相談員などそれぞれのとりまとめ役が交互に主導しながら情報共有や会議等を開催し、家族全体の支援を進めて行きます。

　ケアマネジャーは、「80」の生活をよりよくする、という目的があるので、家族の問題についても率先して旗振り役を行っていくことが望ましいといえます。

# 3. モニタリング時のポイント

## ⑴ モニタリングの目的

　居宅介護支援のモニタリングは、指定居宅介護支援等の事業の人員及び運営に関する基準（平成11年厚生省令第38号）第13条第1項第13号において「介護支援専門員は、居宅サービス計画の作成後、居宅サービス計画の実施状況の把握（利用者についての継続的なアセスメントを含む。）を行い、必要に応じて居宅サービス計画の変更、指定居宅サービス事業者等との連絡調整その他の便宜の提供を行うものとする」と定義されているように、ケアプランに基づく支援の実施状況の確認やアセスメントについて継続的に行います。要介護者へは月1回以上の訪問を実施し、利用者や家族の話を聞くことで信頼関係を深める機会となるとともに、最初のアセスメントでは把握できなかった情報や課題について確認していきます。

　介護保険サービス等が開始されたあとのモニタリングは特に重要です。新しく使い始めたサービスの利用状況について確認し、利用方法や内容などについて不具合がないか、調整を図る機会です。また、利用者や家族との関係がまだ深まっていないことも多いので、引き続き関係づくりを意識した働きかけを行うことが求められます。

　サービスの実施状況に加えて、ケアプランにおける各支援目標の評価を行います。目標について達成できた場合は、利用者や家族と話し合いながら新しい目標を設定していきます。達成できなかった場合は、目標を継続するか変更するかを検討します。

モニタリングを重ねると、利用者やご家族から新しい要望や相談が出て
くることがあります。また、支援者側からの提案や新たな課題も出てくる
でしょう。モニタリング結果からの課題や提案等についてケアプランへ反
映させるか検討していきます。

## ⑵ 8050家庭の支援におけるモニタリング

　8050家庭の支援におけるモニタリングでは、「50」の生活状況や介護支
援者チームとの距離感などについてケアマネジャーの目で確認しておきた
いところです。

　ここでのポイントは「50」が相談につながるまでの現在地を評価する
ことにあります。介護支援者チームの働きかけにより、「50」と支援者の
関係について、関係構築・見守り期なのか、介入の機会であるのかなど、
「50」の現在地を分析することが重要です。

　前述したように拒否的な態度があったり、自分の課題に向き合うことが
難しかったりする段階では、関係構築を目的とした働きかけを続けていき
ます。「50」との関係性が深まり、これからのことを前向きに捉えている
段階では、介入し相談につなげていく働きかけを行います。「50」が相談
先につながっている場合は、どのような相談をしているかについて尋ねて
みましょう。

　ケアプランにおいての最終目標は、「50」の課題が解決され「80」の生
活状況等が改善されることです。「50」の支援の進展具合に応じて「80」
がどのような変化をしているかについても評価していきましょう。

【8050家庭の支援におけるモニタリング時の確認事項】

①ケアプランにおける8050家庭の支援の進捗を確認

　サービス利用状況やプラン目標の評価/「50」の状況によって「80」がどう変化したか

②「50」の支援の現在地を把握する

　介護支援者たちとの距離感について。関係構築・見守り期なのか、介入の段階なのかを評価する

●事例　Bさんのケース

## 80代の母と50代の息子のモニタリング

　要介護となった80代のBさんへ、ケアマネジャーが支援に入ることになった。アセスメントのため訪問すると、Bさんから「同居の息子が仕事を辞めてからずっとひきこもっていて心配している。どこか相談するところがないか」という要望がでた。ケアマネジャーは8050家庭として支援が必要なケースとしてケアプランを作成して、支援を開始した。

　サービス担当者会議では、「息子について相談先へつなげることで母の不安を軽減する」という支援目標を関係機関と共有した。この後、この支援目標の進捗についてモニタリングしていく必要がある。

　※モニタリング結果については「50」の息子に関わる内容を抜粋。

| | | | | | |
|---|---|---|---|---|---|
| 第5表 | | | | | |

居宅介護支援経過

利用者名　　　Ｂ　殿

居宅サービス計画作成者氏名＿＿＿＿＿＿＿＿＿

| 年月日 | 項目 | 内　　容 | 年月日 | 項目 | 内　　容 |
|---|---|---|---|---|---|
| 20××<br>1月17日(水)<br>10：00～<br>10：45 | 居宅訪問<br>本人と面接 | 【モニタリング】<br>〔本人・家族の満足度・意向〕<br>＜本人の様子＞<br>　初回ヘルパーが入ったときはとても緊張している様子であった。2～3回同じヘルパーが入り、調理、掃除を行った際、本人から話しかけてきた。「足の状態が良くないので、ヘルパーが入ってくれて助かる」「料理がおいしい」と満足されていた。<br>（略）<br>＜息子について＞<br>　同居の息子は部屋にいる様子。呼びかけてみるが応答なし。本人に息子の様子について尋ねると、呼びかけても応じないときはだいたい寝ていると思うとのこと。部屋ではインターネットかゲームをしていると思う。<br>　息子の食事等について尋ねると、自分が作らないときは、夜にコンビニで買ってきたカップ麺などを食べているという。 | | | 〔サービスの支援状況〕<br>・訪問介護事業所より<br>＜息子の状況について＞<br>11：00～ヘルパー利用の時間帯は部屋に閉じこもっており、寝ていることが多い。たまに起きてトイレに行くことがあり、ヘルパーから挨拶をすると「どうも」と返答があった。声掛けに対しては表情も柔らかく拒否的な態度ではなかった。<br>　本人へ息子のことを尋ねるとだいたい昼過ぎには起きてリビングでテレビを見て過ごしているとのこと。息子が自室にいるときに、本人から息子が職場で仕事がうまくいかず、ささいなことでも上司や先輩に叱責され気に病んでいた等、ひきこもった経緯などについて話をしてくれた。 |

【モニタリング】（初回：1か月目）

〔本人・家族の満足度・意向〕

＜息子について＞

　同居の息子は自分の部屋にいる様子。呼びかけてみるが応答なし。Ｂさんに息子の様子について尋ねると、呼びかけても応じないときはだいたい寝ているとのこと。部屋ではインターネットかゲームをしていると思う。息子の食事等について尋ねると、自分が作らないときは、夜にコンビニで買ってきたカップ麺などを食べている。

〔サービスの支援状況〕

・訪問介護事業所より

＜息子の状況について＞

　11：00～ヘルパー利用の時間帯は部屋に閉じこもっており、寝ていることが多い。たまに起きてきてトイレに行くことがあり、ヘルパーから挨

拶をすると「どうも」と返答があった。声掛けに対しては表情も柔らかく、拒否的な態度ではなかった。Bさんへ息子のことを尋ねるとだいたい昼過ぎには起きてリビングでテレビを見て過ごしているとのこと。

　Bさんは「息子が職場で仕事がうまくいかず、ささいなことでも先輩から叱責され気に病んでいた」等、ひきこもった経緯などについて話をしてくれた。

## 【モニタリング】（3か月目）

### ＜息子について＞

　Bさんへ息子と話をしたいという旨を電話であらかじめ伝えておいた。午後に訪問するとBさんと息子で待っていてくれた。息子に対してBさんの生活状況を尋ねると「変わりないが、ヘルパーが入ってくれて助かっている」、「リハビリにも楽しそうに通っている」という話が聞けた。また、息子へは「体調はどうか」と尋ねると「ずっと頭が重く感じる、母が疎くてイライラしてしまうことがある・・・」など話をしてくれた。

### ＜訪問介護事業所より＞

　自室から出て挨拶してくれることが増えた。○日の訪問の際に、息子から「理由はわからないけど落ち着かないことがあります」と話があった。原因となる具体的な出来事はないようであったが、今後のことを考えると不安になるといっていた。また精神科のクリニックに通っていたが、現在は通っていないなどの話が聞けた。息子へは「不安や悩みごとを誰かに相談できるといいですね」と伝えた。

## 【モニタリング】（6か月目）

### ＜息子について＞

　息子と話をする。イライラして大きな声を出してしまうことがあるという。また、Bさんから「そろそろ仕事を探してはどうか」といわれて、カッとなり「いいんだよ」と怒鳴ってしまったとのこと。仕事を探さないと、と思っているが、以前の職場でうまくいかなかったこともあってなかなか踏み出せないそうだ。また、「母の介護を見ているとこの先不安になります」と話す。

　こちらから息子へ「不安に感じていることについて相談ができる場所を

探しませんか」と提案をすると「ちょっと考えてみます」との返答であった。

......................................................................................................................

■ケースの詳細

　ケアマネジャーは、ケアプランの支援目標に従い、自宅への訪問時に息子へ声をかけることを続け関係形成に努めました。また、訪問介護事業所と息子の情報を共有しています。支援の経過とともにBさんの介護の状況や息子自身の体調など、簡単なやりとりができるようになっていきます。６か月目のモニタリング訪問時、息子の体調について尋ねた際に息子から将来の不安について聞かれたため、相談場所の提案をしました。この後、「50」の相談先につながり、Bさんも少し安心した様子が見られました。

　この事例にあるように8050家庭の支援のモニタリングでは「80」の支援状況や評価に加えて、「50」を相談につなぐまでに「50」の様子や介護支援者との距離感、「50」の変化に応じて「80」がどう変化するかについて評価していきます。

# 4. 今後求められるケアマネジャーの役割

## (1) ケアマネジャーの問題把握と展開力

　これまで見てきた通り、8050家庭の支援の入り口は、「80」の介護支援をきっかけに明るみになり介入がなされるケースが多数あります。この場合、ファーストコンタクトであるケアマネジャーが、家族の問題を察知し、適切な支援につながることができたら、その後の支援の展開も変わってくるといえます。ケアマネジャーの「同居の子どもは大丈夫か。支援につなげる必要があるか」という気づきに加えて、事実を積み上げながら支援の必要性を検討していきます。また、そのあと家族を専門的な支援につなげていくためのノウハウも必要です。ケアマネジャーの最初の一手が次の支援へとつながっていくのです。

　高齢化が進み、近隣とのつながりが希薄になっている今、ケアマネジャー

は、要介護者への支援以上の役割が期待されています。

## ⑵ 家族の問題を切り分けず、丸ごと捉える

8050問題にみられるように、利用者個人やその家族が抱える問題は、複雑・多様化しており、1人が抱える問題は家族全体に影響します。同居の家族は、共同生活者であり最も近い支援者です。これまで見てきたように8050家庭への支援はもはや「80」だけの介護問題だけで対応していくことは難しいといえます。「家族を丸ごと支援する」という共通テーマのもと「80」の支援や「50」の支援を考えていく必要があります。

8050家庭の支援においては、「80」の支援が先行する場合がほとんどです。「50」の支援を考えながら、「80」の支援を進めることで、情報提供等を受けた後発の「50」の支援機関は介入しやすくなります。各々の役割分担は大切ですが「80」、「50」どちらも生活状況が改善できるような視点を持つことが大切です。

## ⑶ 「50」にとってケアマネジャーは特別な存在になりえる

ひきこもりの「50」の支援において見守りの時間は相当長く、介入は非常に難しいと思います。膠着状態の続いているなかでの介入のタイミングは、「50」にとっての環境変化が生じる場面です。環境変化が生じるタイミングとは「50」が最も頼りとする「80」に危機が迫ることです。高齢の「80」が介護や疾病などにより入院・入所であったり、トラブルや事故に巻き込まれたりする場合、「50」にとっての現状が大きく揺らぐことになります。「50」にとってケアマネジャーは、親の支援者と認識されているため、「80」に何かあった場合に「50」が頼りにするのがケアマネジャーなのです。

「80」が急変し病院へ運ばれた際に、それまで会話のなかった「50」からどうしたらよいかケアマネジャーに連絡があった事例がありました。「50」は親のことを心配しますし、親がいなくなったら困るのは自分です。どうすればよいか途方に暮れることもあるでしょう。そうした状況においてケアマネジャーは「50」に対して頼りになる存在なのです。

8050家庭の支援の開始となる「80」の介護支援において最初に登場するのはケアマネジャーです。解決に時間を費やす困難なケースが圧倒的に多いですが、必要な知識と技術を持って関係機関と共に粘り強く支援に臨みましょう。

# ［ケーススタディ編］

### Case 1
長期のひきこもりの子がいる家庭で、
親が高齢になったケース

### Case 2
長期的にひきこもっている子が、
高齢の親に虐待をしているケース

### Case 3
認知症を持つ親と同居する子がうつ病を発症し、
ひきこもりになってしまったケース

### Case 4
親の突然の病気で同居の娘のひきこもりが判明し、
治療に影響が出たケース

### Case 5
子を献身的に介護する親自身に支援が必要になったことで、
共依存の関係が顕著となり、望ましい支援が難しかったケース

### Case 6
地域との交流がなく孤立してしまい他者の介入や
支援を拒否しているケース

# Case1
## 長期のひきこもりの子がいる家庭で、親が高齢になったケース

### ❖ 概要

父85歳、母82歳、長男55歳、次男53歳（別居）

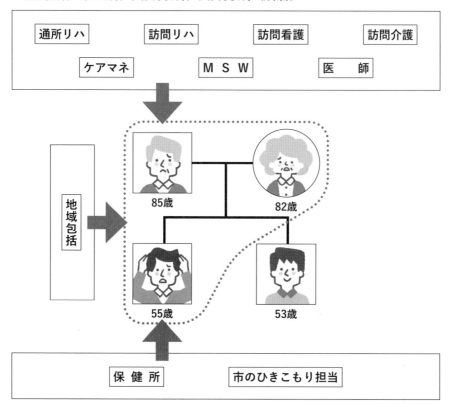

- 父母、長男は3人で持ち家に住み、長男は30歳頃より家にひきこもっている。次男は他市に家族と住んでおり、行き来はあまりない。
- 長男は高校生までは問題なく過ごしていた。高卒後、好きな美術

を学ぼうと専門学校に進学したが、「美術では食べていけない、考えが甘い」と別の道に就職するよう厳格な父から意見され、進路についてぶつかることが多くなった。

- 長男は父の反対を押し切り美術関係に就職したものの、1年で退社してしまった。その後も美術関連の職を転々としたが長続きせず、かといって異なる分野の仕事に就く気にもなれず。その後ひきこもるようになり、年月ばかりが過ぎていった。

- 長男はコンビニや図書館など用事があれば1人で外出し、他者と関わることもできた分、父に就職した同級生や次男と比較され「怠けている」「長男なのにいつまでブラブラしているんだ」と非難されていた。

- 母は何度か、心療内科や保健所、市の障害福祉窓口、ひきこもり家族会等に相談したが、話を聴いてくれるだけで進展はないばかりか、育て方や対応の仕方を指摘され傷つき、自身が高齢になったこともあり万策尽きた思いだった。

- 長男は、暴れるでも高価な物を買ってほしいとせがむでもなく、日々の生活に困ることはなかったものの、母は近い将来やってくる「親亡き後」を憂い、強い不安を感じていた。

- 父は母のそんな苦労を知っているのか、次第に父母間で長男について話し合うこともなくなっていった。

## ✤ 入り口

　そんな折、母の不在中に父が自宅で倒れ、居合わせた長男が動揺しながらも119番で救急車を要請しました。受話器で人と話すのは20年ぶりでした。救急隊員ら複数の来訪者に緊張し、居合わせるのが精一杯でした。父は脳梗塞で、入院加療後右半身にまひが残り、歩行に介助を要する状態となりました。病院の医療ソーシャルワーカーより地域包括支援センターに連絡が入り、入院中の介護保険認定調査では要介護2の結果が出ました。近隣の居宅介護支援事業所がその後の支援を引き受けました。

## 情報収集

### ■情報収集の進め方

退院後の生活について、地域包括支援センターとケアマネジャーとで医療ソーシャルワーカーを交え、父と面会をしました。父はまひが残る身体で自宅生活が可能なのか不安を表出し、母に全面的に頼りたい意向で、長男の話は出ませんでした。ケアマネジャーらは長男がいることは知っていましたが、父が触れないのは何か理由があるのだろうと感じ、初動ではあえて話題にしませんでした。

ケアマネジャーが福祉用具や住宅改修などの件で自宅を複数回訪問していくうちに、母から「実は」と長男について相談があり、その後の訪問では、長男らしき人の靴や上着、食卓の用意など気配も感じられました。しかし姿を見たことはなく、自室にこもっていたと思われます。長男のことを父と共有したいと母に同意を得て、思い切って入院中の父に確認すると「長男の存在は家の恥だと思ってきたが、叱責しても改善せず長男も口を聞いてくれない。どうして良いか途方に暮れていたんだ」と気持ちを吐露してくれました。

ケアマネジャーが自宅訪問を重ねるうちに長男の姿を見かけるようになり、挨拶までは交わせるようになりました。その様子や母からの話では、精神疾患も何らかの障害もなさそうです。そのため、母に相談されても、好きで家にひきこもっているのは自由ではないか、親亡き後は心配だが、高齢者支援機関であるケアマネジャーが関わる必要があるのか悩みました。一方で、なぜ30年もひきこもることができたのか、長きにわたり家族以外の他者や社会と交流を持たないでいることの方が精神的に辛いのではないかとの疑問もわき、そこを探ることが父母の心の健康につながるのではないか、もう少し長男について、そして長男と父母との関係性についても考えてみる必要があるのではないかと考えました。

### ■情報収集の結果

とはいえ、ケアマネジャーはひきこもり支援分野には馴染みが薄く地域

包括支援センターに相談すると、長男のアセスメントを行う保健所の精神保健相談が利用可能とわかりました。母だけの出席でも良いならと母から利用同意が得られました。またその先に連携できそうなひきこもり支援機関として、県のひきこもり地域支援センター、市のひきこもり担当があること、障害があれば通院の上、障害福祉サービスの選択肢もあるとわかりました。

保健所の精神保健相談では、精神科嘱託医から母に対し、精神病圏を疑うエピソードはないこと、就労経験での度重なる失敗にもかかわらず職業への強いこだわりを手放せず、挫折を繰り返す中で自信を失ったのではないかとの見立てとともに、関わりの難しい長男と父との間に入って「よく頑張ってこられた。母は元気でいることが大事だ」と母への労いがありました。また保健所の精神保健担当やケアマネジャーには、父から「こうあるべき」と結論を押し付けられた無力感から改善意欲も減退し、ひきこもりが長期化しているのではないか、発達障害も考えられなくはないが、医療につなぐことだけを支援目標にすると本人との関係が築けないため、長男だけを動かそうとするのではなく、安心してひきこもりながら心の健康を取り戻せるよう環境調整が大切だと助言がありました。

## 🍀 サービス調整

父には歩行訓練継続の指示が医師より出ており、訓練に専念してもらうために通所リハビリテーション、自宅での環境整備と動作確認目的で訪問リハビリテーション、健康管理に訪問看護、母の負担軽減を目的に訪問介護を導入しました。第三者が家に入ることで、この家庭の風通しが良くなることも目指しました。ただしその際、家に入る支援者が物理的にも心理的にも長男の領域に侵入しないよう、声掛けや対応の仕方などに配慮してもらいました。

家族の環境調整では、さしあたり父母の一番近くにいる支援者であるケアマネジャーが本業の傍ら父母の長男への心情を聴き、関係機関とも共有していくことになりました。この時点でその役割を担える支援者が他にい

ないこと、それが父母にとっては自然な流れだと考えたからです。サービス導入が安定した頃、保健所の精神保健担当と市のひきこもり担当が父母の話を聴きにケアマネジャーに同行し、訪問を始めました。月に1回を目安に訪問する中で長男と挨拶ができ、6回目の半年後には話ができるようにもなりました。長男との信頼関係が構築できたあたりで、保健所は医療につなぐ時の後方支援にあたる予定です。

このケースには、父と長男へ2つの異なった支援が入ることになります。サービス担当者会議には、ケアマネジャー、地域包括支援センター、保健所、市のひきこもり担当が出席しました。父へは高齢者支援ですが、長男は制度の隙間ともいえる状態にあることから、保健所と市のひきこもり担当が担っていくこととし、それぞれ要求される支援のスピードが異なる中、現状の確認と方針の共有を図りました。

会議の場ではまず、ひきこもることはストレスに対する防御反応で、辛い体験があれば安全なところで身を守るのは当然であり、悪いことではないこと、問題なのは長期化することで、家族との関係性の中で長期化しやすいこと、周囲の「外へ出るのか」「働くのか」といった結論ありきの態度が、当事者の主体性や自発性を奪いやすいこと、しかし父母も対応の仕方に悩み途方に暮れ、万策尽きた苦悩を抱えていることを共通認識として持ち、膠着している家族システムに着目し、家族全体を支援していく視点を共有しました。

特に長男への支援では、支援者や家族の物差しではなく、長男の意向を軸に支援を組み立てる、意向を聴き取れないなら待つことを確認しました。どうしても、目の前にいる家族や支援者が抱く先が見えない不安から、次のステップにつなげて安心しようとする方向性になびきがちですが、そこがぶれないようサービス担当者会議は定期開催としました。

## ✤ 実際の支援とその後

保健所の精神保健担当と市のひきこもり担当は父母から長男への訪問に移行し、長男の語る風景を一緒に眺める思いで対話を継続しました。支援

の着地点が見えない状況に戸惑いつつも、徐々に長男からこれまでの心情が語られていきました。美術関係の仕事の現実は厳しく、根気のない自分に自信を失って耐え難かったこと、しかし必ずしも現状を良しとしているわけではなく「このままではいけない」と自己否定し焦る一方、「また失敗するのでは」と不安で、一歩を踏み出せないでいること、父の言う正論も理解するが、動きたくても動けず、経済的には親に依存せざるを得ない現実に葛藤していること、父が寝静まった頃、母には素直な気持ちを吐露でき、救われていることなどが聴き取れました。

　また、この長年の状況を次男はどのように感じているのか、ケアマネジャーから状況を聴き取ることができました。働けていない長男への遠慮から、実家とは距離を保っていて、仕事や家庭があり忙しく、"親のすねかじり"に今後も協力はできないし、関わりたくない思いでいることがわかりました。

　ケアマネジャーが折に触れ父母から話を聴き取る中で、自身も障害を負い人の手を借りる立場になったことで、父の長男への眼差しが徐々に軟化していきました。ケアマネジャー不在でも父母で長男のことを話す機会ができ、これまで母一人で抱えてきたと思っていた長男の心配を一緒に考えることができるようになりました。そのうち父から、「家族に自分の価値観を押し付けてきた、長男のひきこもりは自分も含めた家族の問題なのかもしれない」と歩み寄る姿勢が見られるようになりました。この家にケアマネジャーという聴き手が介在した成果だと思われます。

　一方ケアマネジャーにとって、父母の心情を傾聴していくことは負担なのではないかと、サービス担当者会議で懸念されたこともありましたが、精神的なサポートになっているとの実感から、できる範囲で継続していくことにしました。

　保健所の精神保健担当と市のひきこもり担当が介入し、長男との対話を始め2年が過ぎた頃、ケアマネジャーは互いの思いを交換できたらと考え、サービス担当者会議を父母、長男含め自宅で行うことにしました。初めは互いにとても緊張していましたが、長男は父の歩行介助や母の買い物の手伝いなどできることを担うようになり、会議でも「まだ社会に出てい

くのは怖い。支援者には居場所などの情報を提供してほしいが、背中を押すのではなく、自分のペースで動くので見守っていてほしい」などぽつりぽつりと言語化してくれました。父は長男からの日頃のサポートに助けられていることへの感謝に加え、「今日は気持ちを話してくれたことが嬉しかった。これまで気持ちを無視して悪かった」と話しました。

　実際には長男の動きはまだありませんが、家の中で高齢の父母を手伝う役割ができ、家庭が安心できる居場所になったようです。それにともない生活の質もあがったように見えます。親亡き後の心配は変わっていませんが、第三者に託せることを知り、父母の精神的な安心にもつながりました。

## 🏠 ワンポイントアドバイス

### 「80」の介護問題から「50」のひきこもり問題を把握し、家族全体への支援に展開した事例

　この事例では、父親の要介護問題から、地域包括支援センターに結びつき、ケアマネジャーが長男のひきこもり問題を把握しました。ケアマネジャーは「80」への支援で何度も家庭訪問をして母親との関係性がある程度できてから、母親の方からの相談で「50」問題を知りました。ここでは、ケアマネジャーから切り出して聞くのではなく、家族との関係を構築しながら情報を把握したことがこの後の支援の展開で重要です。「50」には「80」とは別に相談支援機関がありますが、この事例のように、これまでの関わりのあるケアマネジャーが父母の長男への思いを聴き取り、関係機関に情報を共有していくことで、ケアマネジャーが8050問題に対して家族全体のソーシャルワークを担う役割をもつことも重要です。このような取り組みから、家族との信頼関係を作りながら、徐々に、父親、母親、長男の心を開いていき支援の流れを生み出しました。

# Case2
# 長期的にひきこもっている子が、
# 高齢の親に虐待をしているケース

## 🍀 概要

父82歳、母79歳、長女53歳（別居）、長男50歳

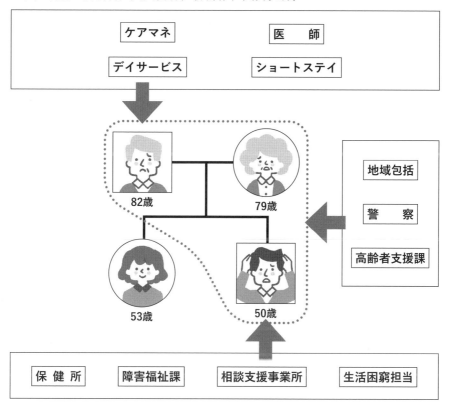

・父は認知症初期の母の世話をし、介護保険サービス利用も特にな
く家事全般を引き受けていたところ、4年前に長男がコロナ禍で
失職し、父母の住む実家に身を寄せひきこもるようになった。コ
ンビニ等への外出はするが、社会との交流はない。

- 父母によれば、長男は幼少期より育てにくい子どもだった。友達と遊ぶより一人遊びを好み、ものごとの理解に時間がかかり、一度言い出すと頑として譲らないところがあった。それでも高校まで何とか卒業。父の伝手で就労するも、職場環境に馴染めず職を転々とし、それでも自分の収入で生活を維持していた。
- 父母とは親密さを築けず、言いたいこともうまく伝えられない子どもだった。現在は無収入で肩身が狭い分、父母の役に立とうとの思いもあったが、コミュニケーションがうまくいかずぶつかることが多くなり、「こうなったのはお前らの育て方が悪かったせいだ」と父母を罵倒するようになった。
- 同居当初は、そんな長男を父が盾となって封じてきたが、最近は足腰も弱くなり気力が落ちてきた。お金を無心するようになった長男を制することができず、父母の老齢年金が入るたびに10万、15万円と言いなりになって渡すことが常となった。どうやらこれまで我慢してきたパソコン関連の小物や、はやりの服をネットで買っている様子だ。年金暮らしでは叶わないと断ると、長男は「当てにしていた支払いができない」と激怒し、小柄な母の背中を殴る。そのうち父にも手をあげるようになってきた。
- 父母は、心配をかけるからと長女にも親戚、近隣にも打ち明けることができず、家の中での出来事を誰にも相談できずにいた。

## ✤ 入り口

　母はデイサービスを毎日利用していたが、ある日の入浴の際、背中や腕にあざが認められました。職員が母に事情を聴くと、時系列のずれはありながらも、どうやら自宅で長男から殴られたようでした。デイサービスは高齢者虐待を疑い、直ちに地域包括支援センターとケアマネジャーに連絡、地域包括支援センターからは高齢者支援課に報告をしました。その日のうちに地域包括支援センター、ケアマネジャーとで、母をかかりつけ内科医に受診同行しました。

# ❖ 情報収集

## ■情報収集の進め方

　あざは複数個所に及び、母は長男が怖いと帰宅を拒み、主治医から警察にも通報したとのことでした。緊急ショートステイを手配し、当面の母の安全が確保されました。

　母がしばらく帰ってこないことを伝えるため自宅を訪ねると、長男がドアを開けてくれたものの、「何しに来たのか」と警戒しています。父は長男の横にたたずみながらも怯えた様子、「何も変わりないです」と小声で言いました。長男と父に別々に話を聴くことにし、父の身体を見せてもらうと母と同様に背中や腕に複数のあざがあり、写真を撮らせてもらいました。受診を勧めても頑なに「大丈夫」と拒み、警察への被害届も長男からの報復が怖くて考えられないとのことです。父からは改めてゆっくり事情を聴き取る必要を感じつつも、どこまで話してくれるかわかりません。

　一方長男からは、「コロナで失職した。自分は犠牲者だ。誰も助けてくれないんだ」と社会に対する強い憤りが表出されました。長男のこれまでの生活を聴き取ってみると、人とうまく関われず社会適応が難しかったこと、生きづらさを抱えてきたことなど堰を切ったように話してくれました。これまで支援を受けたこともないようです。

## ■情報収集の結果

　翌日、父を地域包括支援センターに呼ぶと意外にも来てくれました。父母のあざは、数日前にやはり長男から殴られたものでした。長男には職が決まるまでの約束で毎月5万円の小遣いをあげているが、お金が苦しくなるとイライラしてそれ以上に無心して来るとのことです。無理だと断ると叩いてきて、ささいなことにも難癖をつけて殴ってくるため、生活を切り詰めて工面するしかなかったようです。しばらくおとなしかったのでホッとしていたが、久しぶりに今回強く殴られた、と話しました。「本当は長男に出て行ってもらいたいが、無職のままでは路頭に迷う。せめて職に就かせてからと思うが、歳も歳だ。かと言ってこんな風に育てたのは自分達

だし、世間に迷惑をかけるわけにもいかない。だから長男を1人置いて家を出るわけにはいかない。でも、このままでは気持ちが休まるどころか生きた心地がしない」と胸の内を明かしてくれました。

母からは緊急ショートステイ先で話を聴き取りました。「小さい時から育てにくく、何を考えているか掴みどころのない子だった。それでも学校や職場で親身になってくれる人に恵まれれば、何とか適応することができた」とのことでしたが、母も高齢でその役割は難しく、また殴られるかと思うと家には帰れないと涙を流していました。

長女には父母の同意を得て事情を話し、可能なら協力を仰ごうと考えました。長女は小さい時から長男と折り合いが悪く、長男が実家に戻って来てからは、なるべく実家に関わらないようにしていたとのことです。時折かかってきた母からの電話で、長男が好き勝手に振る舞っていることは把握していましたが、暴力があったことまでは知りませんでした。これまで父母を放っておいて怖い思いをさせたと、父の避難先として自宅を使うよう申し出てくれました。

## 🍀 サービス調整

高齢者支援課が高齢者虐待と認定、地域包括支援センター、ケアマネジャーとで個別会議を開きました。警察からは長男の精神科入院の提案があり、医療につなぐ視点から保健所の精神保健担当も呼ばれました。また長男には発達障害が予想され、市の障害福祉課と相談支援事業所、経済的な支援として市の生活困窮担当にも来てもらい、父母の主治医からは診療情報の提供があるなど、初動から多機関の協力が得られました。

父の避難希望があれば行政が介入できますが、希望がないので直接話し合うしかありません。会議の焦点は、「父が再被害に遭わないよう保護したいが、避難拒否があるので長男を分離させたいこと」、「長男に、母が家を出て行ったのは長男の暴力が理由で父との同居も心配なこと、父母は長男にお金を工面できる経済状態ではない現実を視覚化して伝えること」の2点です。

一方で、長男を問題ありとばかり捉えるのではなく、なぜ家庭内暴力が起こるようになったのか背景を外在化し、この家で何が起こっていたのか理解することも大事ではないかと話し合われました。その視点を飛ばしてしまうと支援が当座の対処で終わり、同じことがまた繰り返されるのではないか、社会から孤立し支援が入らなかった家族に、外から一石を投じ家族システムの再構成を図る時ではないかと共有しました。

　急ぎ今できることとして、父には、母と同じデイサービスにできる限り通所してもらい、身体のケガの確認ができるようにしました。また、地域包括支援センターより、父が暴力を受け入れてしまう心情を丁寧に聴き取り、自分の気持ちとして「暴力は嫌なんだ」とはっきり長男に伝えることを支援し、「今度殴ってきたら警察に通報するし、姉ちゃんのところに避難する」と長男に告知して、父にも暴力を受け入れない覚悟を持ってほしいと提案しました。つまり通報や避難は長男を見捨てることではなく、長男が暴力を振るわなくて済む環境を作るためのことだと、折に触れ何度も伝えることとしました。

　実際に身の危険を感じた時には、即座に警察官通報と長女宅への避難を実行することで、問題を外部に開示してほしいのですが、父の迷いもあり、果たしてどのくらいの覚悟を持ってくれるか不明です。父には、もう暴力を受け入れなくて良いし、1人で抱えなくて良いこと、並行して長男には障害や生活困窮支援の領域から対応してみることも伝えました。

　長男を精神科に入院させる考えには慎重論が出ました。支援者側の安心にはなるかもしれませんが、そもそも精神疾患や入院要件にあてはまる精神症状があるのか不明です。このタイミングで仮に非自発的入院が成立したら、長男と父母との関係はさらに悪化すると考えられ、家族システムの再構築には逆行します。

## ✤ 実際の支援とその後

　父はデイサービスをホッとしたように受け入れましたが、長男に敢えて暴力について話すなどできないし、刺激をしないで静かに生活したいとの

ことでした。暴力が起きそうな時は、その場を離れて通報する、長女に連絡して迎えに来てもらうことを提案すると、それは考えてみると応じてくれました。また長男に支援を試みることには賛同し、安堵してくれました。暴力を短絡的に非難するばかりではなく、その背景にある怒りや悲しみに耳を傾けていくことを伝えました。

　長男には、まず保健所と市の障害福祉課、相談支援事業所とで複数回訪問してみました。当初の様子とは打って変わり「もう話すことはない。帰ってほしい」と最初は拒まれました。挨拶程度の訪問から、父の健康を尋ねる体の訪問、近くを通ったついでに、夏の酷暑の日には体調確認の訪問等、理由をつけては根気よく隔週で顔を見に通いました。そもそも長男は溜まった不満を誰かに聴いてほしいと思っていることはわかっていたので、少々拒まれてもひるみませんでした。

　3人での訪問は少し圧迫感があったかもしれませんが、どこかに連れていかれるでも、怪しい者でもないと感じてくれたのでしょう、次第に拒否はなくなり、父母や社会への不満、これまで理不尽に思ってきたことを話してくれるようになりました。父へは相変わらずお金の無心を続けるものの、他人の目が家に入るようになったからか、暴力はその後確認されませんでした。

　ところが、急な出費で父が長男に小遣いをあげられないことがありました。長男は激怒し、衝動的に父を蹴り上げました。父は通報こそしませんでしたが、長女にSOSを出し自ら避難、その際「暴力が嫌だから逃げたが、おまえを見捨てたわけではない」と長男に伝えることもできました。約束の小遣いは次の年金で工面すると説明しても、長男は執拗に父や長女に電話をかけ、「今じゃないとダメなんだ」と聞き入れず、今すぐ帰ってくるよう要求してきました。父は激しく動揺しましたが、毎日電話をし「見捨てているのではなく暴力が嫌なのだ」と伝え、暴力が心配されるうちは帰りませんでした。

　そのタイミングで長男を三者訪問すると、これまで自分なりに一生懸命やってきたのにうまくいかなかった、親のせいだとまくしたてます。同じ「働く」と言っても、人との関わりづらさを抱えてきた長男にとっては、

数倍負荷がかかっていたのかもしれません。それなのに努力が報われず、不本意にも失職、実家に戻って来ましたが、父母は何かよそよそしく腫れ物に触るような態度で、自分を温かく迎え入れてはくれず、世の中の人はどんどん前に進んでいくのに、自分は全力で頑張っても振り出しに戻るの繰り返し。「その悲しみを親は理解してくれなかった。孤独だったんだ」と語りました。また強いと思っていた父が、言われるがままにお金をくれたので、むしゃくしゃして甘んじていたとのことでした。父も高齢になって、家の中のパワーバランスが崩れたと考えられます。長男は孤立した家族の中で、さらに孤独だったのでした。

　今後も三者訪問を続け、長男のストーリーを傾聴し対話を続けます。信頼関係が築けたら精神科受診を勧め、そこから展開できるサポートがあることも伝えます。サービス担当者会議では、父母への支援と長男への支援の方向性を確認し、情報と進捗を共有、足並みを揃え、家族介入を継続していく予定です。

## 🏠 ワンポイントアドバイス

### 息子から母親への身体的虐待が認知されたことをきっかけに、家族機能の不調和の解消に向けてそれぞれの家族構成員に異なる機関が関わる事例

　この事例は、母親が利用しているデイサービスで母親にあざが見つかったことをきっかけに、デイサービスが通報し、長男による高齢者虐待のケースとなりました。このケースで最も重要なのは「家庭内で危害を加えない」というルールを作ることであり、母親をショートステイで分離して緊急に安全を確保するとともに、長男の暴力を受け入れないために父親が取るべき行動を伝えました。

　もちろん、ただ分離すればよいのではありません。また暴力があった時の具体的な対応を提案して家族の適応力を高めたり、父が母と同じデイサービスに通所できるようにして情緒的ニーズに

対応したりして、家族の再統合に向けた取り組みをしたことも重要なポイントです。

　さらに、長男の精神保健福祉に関わるニーズを捉え、父母を支援するのとは異なる機関がアウトリーチを行って長男と関係性を築いています。幼少期の育てづらさや対人関係の難しさ、職場などでの失敗経験の原因には、もしかすると何らかの発達特性があるのかもしれませんが、長男の個性と価値を認めるエンパワリングな関係を基盤に、次の人生のステージに向けた動機づけが高まることが期待されます。

# Case3
## 認知症を持つ親と同居する子がうつ病を発症し、ひきこもりになってしまったケース

### ✤ 概要

母86歳、長男55歳、長女52歳（別居）

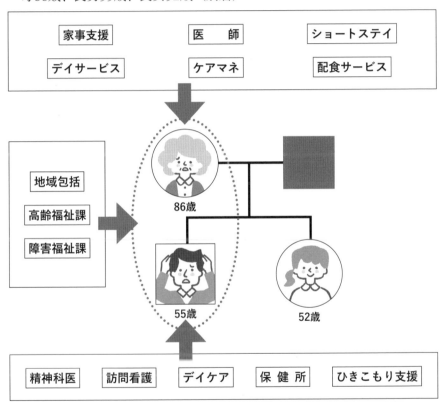

・母親は認知症状（短期記憶障害）を認め、同居の息子が健康診断と称して物忘れ外来に受診し軽度認知症（MCI）の診断を2年前に受ける（その際別居の娘はさほど気に留めず）。

・息子は母親をサポートする生活を送っている。以前は職を転々と

していたが、対人関係がうまく築けずストレスからうつ病を発症。精神科を受診し服薬にて安定していた。現在は無職。

・半年前から認知症状が急激に進み日常生活において息子がフォローすることが増えてきた（電気の消し忘れ、しまい忘れ、二重三重の買い物等）。その対応に追われ、息子がこれまで通院加療をしていたルーティンが崩れたことで、うつ病が悪化した。

・家の中はごみ屋敷状態となり、母親と息子はやせ衰えていき、久しぶりに実家に訪れた娘が地域担当の地域包括支援センターに相談。センター職員が自宅を訪問して、母親の心身の状況から判断して介護保険申請を勧め、支援を進めることとした。

・１か月ほどで認定が下りて、介護保険サービスの導入が始まると次第に息子は母親の介護から離れるようになるとともに、外出もしなくなった。

・母親が体調を崩し入院をした際も、息子は一切関わらず娘が対応した。その後、母親の退院が決まり自宅に戻ったが、家の中は以前より増してごみだらけ。息子に対して娘が生活習慣の改善を促しても、通院すらままならない状態だった。母親のケアマネジャーに相談し、息子の治療再開のために保健所の保健師が関わることになったが、息子との面談すらなかなかできない状況が続いた。

・今後息子への支援を検討するとともに母親の在宅生活の継続のリスクも検討していくこととなった。

## ✤ 入り口

久しぶりに実家を訪れた娘が変わり果てた母親と息子の姿を見て驚き、地域包括支援センターに連絡を入れました。早速、母親の主治医に相談して介護認定はスムーズに行うことができました。しかし、息子のことは健康状態も含めて生活実態をつかんでおらず、改善に向けた手立てをこまねいていました。地域包括支援センターが、母親への支援に介入したことで息子への支援の糸口をつかむこととなりました。

## ❖ 情報収集

### ■情報収集の進め方

　息子への支援は、娘が定期的にモニタリングを行うために訪問を行っていた母親のケアマネジャーから相談の勧めを受けて、行政の障害福祉課につながったことで開始されました。精神障害者保健福祉手帳の取得や障害年金の受給の記録など、過去の関わりはありましたが、ここ数年間は障害福祉サービスの利用もなく、息子に関わる機会はありませんでした。今回、病識が薄く治療に前向きでなかったことによる過去の治療中断の経緯から保健所の保健師が関わり始め、過去の様子や障害特性をつかむことができました。

　同居の母親は息子の疾患については認識が薄く、別居の娘が中心となり、治療再開や服薬調整で体調を整えることを目標とし、息子に対する支援が始まりました。保健師による定期訪問が始まり、まずは受診と服薬の再開を目標としました。低栄養状態も懸念されたため、食生活の把握と健康状態の確認を行うこととしました。

　また、ひきこもり支援を行う相談窓口にも支援要請をかけて、二者による見守りを進め、息子の困りごとを聴き取ることから接していくこととなりました。息子は母親の心配をしている様子は見られたため、母親への支援を検討することを話題として息子との接点を持つように、徐々に時間をかけながら面談の機会を持つように進めました。具体的にはケアマネジャーによるサービス担当者会議を開催する際に保健師やひきこもり支援担当者も参加して息子の様子を確認することが行われました。また、定期訪問時（モニタリング時）にも同行訪問することを行いました。

### ■情報収集の結果

　定期的に息子との面談をするため「母親の様子を聞きたい」と「息子の希望」をテーマとして母親のケアマネジャーとともに、保健師とひきこもり支援者が訪問を続けました。母親は、デイサービスの定期的な利用により外部との交流が増えたことで、認知症状もある程度落ち着いてきまし

た。さらにごみ屋敷と化していた室内は支援者が入ることで整えられてきました。生活環境や母親の認知症状が落ち着いてきたことで息子の負担も軽減し、保健師やひきこもり支援者とも会話ができるようになりました。

　不安な気持ちが和らいできたところで受診再開を促し、息子の生活の質を高めるための提案を行うようにして少しずつ気持ちを外に向けるようにしました。娘と支援者側が話し合いを重ね、受診再開とデイケアへの通所をまずは目標とし、受診再開は障害年金受給継続のために、デイケアは生活の質の向上のために進めていくこととしました。

## ✤ 調整

### ■母親のサービス調整

　娘からの相談を受けた地域包括支援センター職員はすぐに自宅に訪問し、母親の実態把握を行いました。座位を保ち会話は可能ですが、内容は一貫性がなく明らかに認知症状によるものと思われました。介護認定調査にも立ち会い、アセスメント行った結果、要介護レベルとしてケアマネジャーを紹介することになりました。母親への対応は、担当となったケアマネジャーが娘と相談し比較的スムーズに行うことができ、1か月ほどで介護認定結果（要介護1）も下りて、ケアプランが作成されました。

　ケアマネジャーはアセスメントの結果、生活の活性化、身体機能の向上を目標にケアプランを作成しました。週に2回のデイサービスの利用を開始し、また、部屋の片付けのためにNPO法人の有料サービスを利用して、ある程度自宅の環境を整えることができました。デイサービスで体調管理も行われ、母親の健康状態は次第に良化していきました。

### ■息子のサービス調整

　しかし、一方で息子は母親の介護から手が離れ、娘の介入も始まり介護保険サービスの導入が開始されたことで日常生活全般の見守りや家事の支援の役割が減り、部屋からほとんど出ることがなくなりました。時々母親の様子を見ていましたが、来訪者があると部屋に入ってしまい外部との接

点は得られませんでした。娘が声をかけても返答はなく、食事の時キッチンに出てくる程度。日々の食材の購入だけは何とか行っているようでした。ケアマネジャーが息子の生活状況に違和感を持ち娘に報告。あまり気にしていなかった娘もケアマネジャーからの声掛けにより行政の障害者担当部署に相談することにしました。過去の治療中断の経緯から保健所に相談が向けられ保健師が関わることとなりました。

　保健所の担当保健師が訪問しても、息子は部屋から出てこず、調べてみると、以前精神障害者保健福祉手帳の取得があり、障害年金の受給を行っていることが判明しました。同時期に、就労継続支援事業所の見学にも行った経緯がありましたが、利用には結びついておらず、結局、母親と息子の二人暮らしがしばらく続くこととなりました。母親はデイサービスに行くことには抵抗なく定着したものの、朝夕の食事の世話を息子が行わなくなり、さらに、認知症の進行もあり食事に対する関心が減り自宅での食事摂取がままならず体重減少も見られました。デイサービスからの報告を受けたケアマネジャーは、見守り支援付きの配食サービスの導入も調整、開始しました。

## ❖ 実際の支援とその後

### ■母親への支援

　母親への支援はケアマネジャーによるケアプランの作成をもとに、定期的なモニタリングも行われ、順調に進められました。週に2回のデイサービスと配食サービス、週に1回のインフォーマルな家事支援にて生活のリズムが整いました。

　さらに息子の介護負担軽減と今後の生活の場の検討のために、ショートステイの利用もケアプランに盛り込まれるようになりました。ケアマネジャーは中・長期的な母親の生活環境の確保と息子の自立を図るために、将来的にグループホームの利用も提案して娘と相談を行っていき、今後視野に入れていくこととなりました。認知症の症状はあるものの身体機能の低下は少ないため、今後は、自立性をできるだけ保ち、残存機能の維持を

目標としました。

## ■息子への支援

　息子は介護負担の軽減から、支援者との面談も徐々に時間を持てるように
なり、「自身の生活の質を上げる」ことを念頭に本人の希望を聞きなが
ら短期、中期、長期の目標を共に考えました。息子からは「できれば一人
暮らしをしたい」と自身の希望が聞かれるようになりました。

　まずは短期目標として、受診と服薬再開を目指しました。しばらくひき
こもりの生活をしており、クリニックへの通院は困難と考えられたため、
訪問診療を提案しました。これに拒否がなく、久しぶりの医師による診察
によって、治療中断による体調不良を認識し、服薬も再開することができ
ました。数回の訪問診療の後には、自身でのクリニックへの通院も可能と
なり、併せて訪問看護による健康チェック、服薬確認が行われるようにな
りました。不安な精神状態の安定は、母親の生活状況の安定がもたらした
と考えられました。

　中期目標は、ひきこもり生活からの脱却です。障害福祉サービスの利用
の前に、精神科デイケアの利用を目標としました。週に1回の試行的デイ
ケアの利用から開始し、同様の生活状況にある他の利用者と接点を持つこ
とで、病識の理解が少しずつ得られるようになりました。しかし、障害福
祉サービスの利用までは至らず、保健師やひきこもり支援者による見守り
は継続しています。

　長期目標は自立した生活を送ることとし、生活のリズムが整えられ、医
療機関への定期受診が定着することを第一として、在宅独居生活が可能
か、もしくはグループホーム等の見守りのある生活が必要なのか、継続し
て見極めていくこととしました。今後、息子への支援は、保健師とひきこ
もり支援者から障害福祉サービスを提供していくために相談支援専門員を
紹介していくこととしました。

地域包括支援センターに持ち込まれた8050問題に対して
「80」の支援から「50」の支援への糸口を見出した事例

　この事例では、娘が母親の認知症の悪化と息子のうつ病の悪化
から地域包括支援センターに相談しました。息子への支援は行政
の障害福祉課、ひきこもり支援の相談窓口などありますが、ケア
マネジャーによるサービス担当者会議の開催の際に保健所の保健
師、ひきこもり支援担当者も参加して、徐々に息子との接点を深
めながら進めることにしたのは、8050問題における関係窓口の
連絡調整を実質的に進めていく点で重要です。母親の認知症への
対応はケアマネジャーのケアプラン作成と定期的なモニタリング
により順調に行われ、母親の介護負担の軽減により、息子も支援
者に対して心を開くようになり、「できれば一人暮らしをしたい」
とのニーズを表出するようになりました。

　この事例のように、「80」の支援に取り組んだ上で、ひきこも
りの息子との信頼関係を構築し、息子の希望の表出を受け止め、
その実現のための支援方策を検討していくことは、8050問題の
支援の流れを考える上で重要な点です。

# Case4
## 親の突然の病気で同居の娘のひきこもりが判明し、治療に影響が出たケース

### 🍀 概要

父80歳、母74歳、娘52歳、息子48歳（別居）

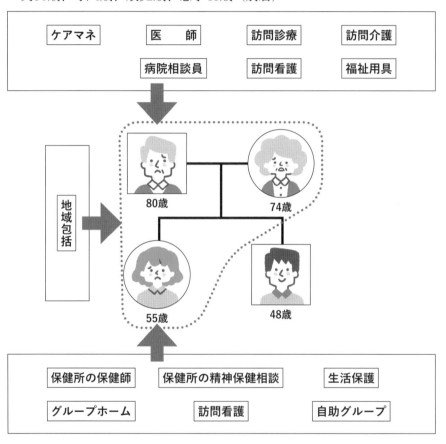

・父親（ガン末期　要介護2）、母親（要支援2）、娘と同居。近県に息子（既婚）が独立して生活している。

・1年前に母親が転倒して、右大腿骨骨折。介護保険を申請して、

要支援2の認定が出る。足の筋力が弱くなったことから、買い物に1人で行くために歩行器のレンタル希望があり、地域包括支援センターの職員が担当していた。同居の娘がいることは聞いていたが、日中は就労と聞いており、会ったことはなかった。

- 仕事が忙しく、緊急時の対応が難しいとのことで、緊急連絡は1番目が息子、2番目が娘となっており、息子は母親の初回契約時に同席していた。
- 父親は自立しており、母親が難しくなってきた買い物に一緒に付き添ったり、自宅の掃除を手伝ったりと夫婦間の関係は良好な印象。
- 訪問時にダンボールの空箱が多数あることは気になっていたが、同居の娘の買い物と聞いており、大きな違和感はなく経過していた。
- ある日元気であった父親が急に体調不良で救急搬送され、入院。検査の結果、ガン末期と判明。病院の相談員の勧めで介護保険を申請。
- 要介護2の認定が出て、自宅での生活の体制を整えてから退院をしたほうが良いと医師から伝えるも、治らないのであれば早期に退院し、自宅に戻ることを希望している。

## ♣ 入り口

母親のかかりつけの病院相談員より、地域包括支援センターへ父親が入院したとの連絡が入りました。検査の結果、余命半年から1年程度のガン末期と判明。積極的な治療を希望しておらず、自宅への早期退院を希望していました。同居の娘がいるようですが、就労せず、自室で過ごしているとの話がありました。病院への面会には母親、娘で来ることが多く、息子も顔を出しています。父親は経済的なことをひどく心配しているとのことです。介護保険の申請中ではありますが、暫定でのサービスは必須の状態で、今後は訪問診療で経過観察をしていく予定です。地域包括支援センター

の相談員より、父親が要介護認定になることを見越して、夫婦で支援を受けることが可能なケアマネジャーを探しているとの依頼を受け、担当することになりました。

## ✤ 情報収集
••••••••••••••••••••••••••••••••••••••••••••••••••••

**■情報収集の進め方**

　病院の相談員からケアマネジャーに「娘は仕事もせず自宅にいる」と父親から話があったと連絡が入りました。入院でかかる費用や今後の治療について説明を受けた時、経済的にさらに厳しくなるのだから、娘のことは隠せないと思ったようです。父親、母親とケアマネジャーの顔合わせの時には地域包括支援センター、病院の相談員にも同席してもらい、今後の意向について確認しました。病院の相談員には娘も病院の面会に来ていることから、病院のインフォームドコンセントに家族全員に来てもらうように働きかけをお願いし、娘と会って話すことができる場を作ってもらいました。その後、退院に向けたカンファレンスを開催し、サービス調整とともに経済的な部分を確認していくことにしました。

**■情報収集の結果**

　父親、母親共に娘が仕事もせず、自宅に長年いることは恥ずかしいことであり、これは親の責任であると強く自分を責めていました。娘は、大学卒業後に就職した会社で体調を崩し退職すると、社会との関わりが怖くなり、ひきこもり状態となりました。テレビで見たアイドルを好きになってから、1人でコンサートに行くなどもできるようになりました。アイドル中心の生活を送るようになってから、以前のような明るさが戻ったように感じ嬉しくなったと話していました。そのため、自分たちの生活は質素にして、できる限りの金銭的な援助をしていたとの話がありました。地域包括支援センターの職員には、「娘のことは隠したかったので、仕事をしていると嘘をついていて悪かった。訪問は、娘がいない時に来てもらうようにしていたんです。息子にも娘のことは、絶対に話さないように口止めし

ていました」との話が聞かれました。

　息子は、父親が娘のことを周囲に話すことができて、自分が背負っている荷が軽くなったと話していました。息子からは、今の状態を変えるには、両親共に娘が置かれている現実を受け止め、周囲の助けを借りていくことが大切だと思うとの考えが聞かれました。娘への金銭的な援助を長年行ってきたため、預貯金は多くないことが明らかになりました。治療をしても助からないのであれば、積極的な治療はせずにお金を残したいとの強い意向が父親にはありました。

　病院のカンファレンスには娘も含めて家族全員で出席しました。家族の了承を得て、ケアマネジャーも同席させてもらいました。医師から余命が長くて1年との話がありました。母親、息子はショックが大きいようでしたが、娘は、父親の病状の心配よりも、治療にどれぐらいお金がかかるのかを気にしている様子がうかがえました。

　家族の中では一番冷静に状況を見ることができているのは息子であり、今後の在宅生活にも協力していきたいとの意向が聞かれたため、キーパーソンは息子で退院に向けて進めていくこととしました。

## ✤ サービス調整

　退院前のカンファレンスには、家族全員、病院相談員、地域包括支援センター職員、訪問診療の相談員、訪問看護の管理者、訪問介護事業所のサービス提供責任者、福祉用具専門相談員が出席しました。病院より今後の病状の見通しを改めて説明されました。自宅内であれば何とか自力で動ける父親は、最低限のサービスしか望まず訪問診療、訪問看護、福祉用具（ベッド、歩行器）での退院となりました。自宅内のことは、できる限り母親が行うこととなりました。娘は、母親を助けますと答えるものの、具体的に何を手伝うなどの話はありませんでした。そのため、買い物、掃除など今までは父親が助けていた部分はヘルパーでのサービスを追加しました。息子からは、自宅のお金の流れがわからないため、家計簿をつけて明確にしていくとの話がありました。

娘については、自宅での支援にあたる訪問介護、訪問診療、訪問看護には娘の自宅での様子の確認、特に母親を助けるとの話から、家庭での役割をどのように担っているのか、何かあればケアマネジャーに情報を集約して、全体で共有することを確認しました。また、娘から何か話があった際には、可能な限り聞いてもらうよう伝え、娘の気持ちを受け止めてもらうように伝えました。娘がどのような状態にあるかわかりませんでしたが、保健所に一報を入れて、地区担当の保健師に状況を伝え、必要時には同行訪問などを依頼しました。

　ケアマネジャーとしては、父親、母親のモニタリング時に、病状の進行に合わせたサービスの提案、看取りの方法、父親亡き後の娘の生活についても話題に出し、娘にとって良い方法について一緒に考えました。最初は親としての育て方が悪かった、何としても自分たちで面倒を見ないとならないなどの考えが聞かれました。都度、過去ではなく、今後のことを考えましょうと伝え続ける中で、「自分たちは娘のためと思ってお金を援助していたが、それがダメだった。その場、その場のことしか考えていなかった。自分たちが元気なうちに娘が自立して生活できるようになるためには、どうしたらいいのか」と、現実を受け止め、その先を考えられるようになりました。その段階で地域の保健師の役割について説明し、娘については保健師も一緒に相談に乗れるように、モニタリングの訪問時に同行訪問するなど、娘自身が支援を必要と感じる時に備えました。

## ❖ 実際の支援とその後

　退院後もしばらく父親は自宅内で自立した生活が送れていました。娘は、挨拶はしてくれるものの、訪問介護のヘルパーや看護師が訪問しても自室で過ごすことが続いていました。訪問時には、宅配業者が荷物を持ってくることもあり、高い頻度でインターネットの通信販売で買い物をしていることがわかりました。看護師、訪問介護のヘルパーからは、挨拶の際に好きなアイドルの話を話題に出すと、話が止まらず、一方的に話し続けることが見られ、「今日は父親の○○の目的で来ています」と話をしても、

構わず話し続けたとの報告が入りました。

　息子からは、父親、母親の年金、生活に必要なお金、介護保険サービスで必要なお金を伝え、使えるお金は限られていると娘に伝えました。買い物はしないと言うものの、守られることはなく、息子から「病的に買い物するので困る」との話がありました。また、娘の買い物は日常的に続いており、両親は買い物が問題だとは認識していなかったようだとの話も聞かれました。

　父親、母親は今まで触れてこなかった娘の将来について、娘と一緒に話し合おうとしましたが、現実を受け止めきれないのか、話し合うことが難しい状態でした。ケアマネジャーとしても、娘にもモニタリング時に声をかけて、話ができる関係作りをしていきましたが、将来の話となると口を閉ざしていました。

　父親はだんだんと病状が進み、ベッド上で長く時間を過ごすことも増えてきました。トイレにも、お風呂にも自分では行けないギリギリのレベルまで何とか自分のことは自分で行おうとし、母親も動かない身体で父親の介護をしていましたが、娘が手伝いをすることはありませんでした。トイレに行く父親を母親が支えようとした際、2人でバランスを崩してしまうことがありました。幸いにも壁につかまり転倒は免れましたが、2人とも今の自宅での生活が限界にあることを自覚しました。

　父親は経済的なことから積極的な治療をせず、自宅での最期を希望していましたが、母親にこれ以上の負担はかけたくないとの想いから病院で最期を迎えました。金銭面については、息子がお金の流れを見る中で、娘のために残しておいたお金をあてるよう説得し、入院に至りました。

　娘については、父親の死後、親が先に亡くなるということが現実となり怖いと母親に話し、ケアマネジャー、保健師と話していきたいとの話がありました。その後、娘は、保健所の介入で保健所が行っている精神保健相談につながりました。担当医師からは発達障害がベースにあり、買い物依存の傾向があるとの診断がなされ、その後専門医の受診をすることができました。

　並行して、カウンセリングを受け、父親が亡くなり、お金がなくなって

も、衝動的に買い物してしまう気持ちが抑えられないこと、父親の病状が進んで行く中で何かをしなければならないが、何をどうして良いかわからなかったので、何もできなかったとの話が聞かれました。医師から「今からでも遅くない。自立した生活のために治療していきましょう」と伝えると、頑張って治療していきたいとの話が聞かれました。母親は、父親が亡くなった後も、娘は自分が面倒を見ないといけないと思っていましたが、保健師より、娘の自立のためには、別々に暮らすという選択があること、経済的なことについては生活保護の受給も検討できることを伝えました。娘は精神障害者保健福祉手帳を取得し、障害年金と生活保護を受給し、グループホームでの生活を選びました。現在は自立支援医療で訪問看護のサービスを受け、買い物依存の自助グループにも通っています。母親は、父親亡き後も、介護保険サービスを利用しながら1人での生活を続け、息子が時々訪問して様子を見ています。

## 🏠 ワンポイントアドバイス

### ひきこもり状態の娘も含む家族が末期がんの父親の在宅ケアを支えられるようサポート。信頼関係の構築により娘自身の問題解決に向けた動機づけが高まった事例

　身体機能が衰えた母親を支えていた父親が末期がんとなったことをきっかけに、父親の在宅ケアを支えるための家族機能を調整する観点から介入した事例です。娘がひきこもり状態であることは隠され続けていましたが、父親の治療費用がかかるために家計に不安が出たことが両親の葛藤を生み、支援者に相談することとなりました。それまで父親が担っていた買い物や掃除などはヘルパーのサービスで代替し、息子はキーパーソンとして総合的に家計状況を管理し、母親が父親の身辺のケアを行って療養生活を支えました。

　娘は具体的なケアに参加することができなくても、日常的な生活行為（食器の片付けや荷物の受け取りなど）に参加することが

できていたかもしれません。支援者が直接見ることができないところで、ひきこもりの子が担っている役割がある可能性を意識して、関わることが必要です。

　この事例において、ケアマネジャーは家族一人ひとりが役割を遂行できるようサポートしました。かけがえのない存在である父親を協力して支えた体験から、この家族は達成感や満足感を得たことでしょう。そして、のちに娘自身の不安の訴えの吐露につながり、診断やカウンセリングにつなげることができ、娘なりの自立した生活へと至ったと考えられます。インターネットによる通信販売での買い物依存や、状況に適した応答の難しさは、父親の存命中に観察されていましたが、家族として父親を支えた体験と支援者への信頼感により、ひきこもり状態であった娘自身の問題解決に向けた動機づけが高まったといえるでしょう。ケアマネジャーが継続した関係を持ち、家族機能が順調なものとなるよう支え続けたことがこの事例での重要なポイントです。

# Case5
## 子を献身的に介護する親自身に支援が必要になったことで、 共依存の関係が顕著となり、望ましい支援が難しかったケース

### ❖ 概要

母81歳、娘50歳、母の姪53歳

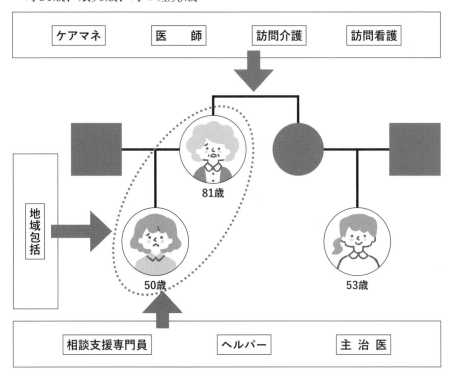

- ・母親（要介護１）、娘（精神障害者保健福祉手帳２級　高次脳機能障害）の二人暮らし。父親は20年前に逝去。不動産をいくつも持っていたため、逝去後の生活に困ることなく、現在も安定した収入があり、生活の心配はない。
- ・娘は10年前に脳出血を発症。身体的な後遺症は残らなかったが、

発症当初は排せつ、食事、着替えなど身の回りのことが1人では
できず、母親が付きっきりになり世話をしていた。高次脳機能障
害との診断が出るまでに時間がかかり、評判が良いと聞けば、地
方でも診察に行くなど治療に熱心に取り組んできた。

・さまざまな病院を受診の末、信頼できる病院が見つかり娘の主治
医と出会うことができた。自宅から公共交通機関で1時間かかる
が現在も通院を続けている。娘はリハビリを続けたことで、時間
がかかりながらも排せつ、食事、着替えなど身の回りのことは1
人でできるようになった。

・娘は母親に絶対的な信頼があり、母親が言うことは間違いないと
いう確信がある。娘は脳出血発症前には調理師として働いていた
め、料理を作りたいとの気持ちがあった。半年前に病院のリハビ
リスタッフより、障害福祉サービスを利用して自宅で調理をして
はどうかとの提案を受けた。母親、娘共に提案を受け入れ、役所
で手続きをして、相談支援専門員がつき、計画を立て、サービス
利用を開始している。

・母親は2年前に、特殊詐欺に気が付かず、大量の現金を振り込も
うとしたところ、金融機関が不審に思い詐欺被害は未遂に終わっ
たことがある。金融機関から地域包括支援センターに相談が入
り、介入。特殊詐欺である認識はなく、認知機能の低下が疑われ
た。

・母親自身は地域包括支援センターの介入で介護保険申請。申請の
結果、要介護1であったが、認知面の低下の自覚はなく、サービ
ス利用の希望はないため、地域包括支援センターで見守りをして
いた。

## ✤ 入り口
·····································

　ある日、娘の通院時に、母親が転倒してしまいました。娘が通院してい
る病院の近くだったため、その病院で処置を受けました。母親は顔面出血、

右肩にひびが入った状態のため、娘の主治医より、入院しての治療が必要な状態と説明を受けましたが、娘が心配なので入院はせずに自宅に帰りたいとの強い希望があり、帰宅しました。必ず受診することを条件にしているので、母親と娘の様子を見て欲しいと相談支援専門員に連絡が入りました。連絡を受けた相談支援専門員は、地域包括支援センターに連絡を入れ、地域包括支援センターから、今後介護保険サービス利用の可能性があるため、担当してもらえないかとの連絡が居宅介護支援事業所のケアマネジャーに入りました。

# ✿ 情報収集

## ■情報収集の進め方

　介入後、しばらくの間は相談支援専門員、地域包括支援センター職員が中心に関わり、情報収集を進めました。二者は親子の自宅を訪問し、母親、娘が今後の生活をどのように考えているのか聞き取りをしました。

　母親は「腕が片方使えないからって大げさね。大丈夫よ」と繰り返し話をしていました。娘からは「お母さんが大丈夫と話しているから、家で2人で生活できます」と母親の顔色を見ながら話している様子がありました。母親からは、「私がいないと娘は何もできなくて困るの」との発言がありました。

　相談支援専門員から「娘さんは一定期間ショートステイに入ることもできるし、ヘルパーサービスを増やすこともできますよ」と伝えても、親子共「自宅で2人で暮らしていくことには問題ない」という考えには変わりがありませんでした。母親に入院の話をすると表情が固くなり、娘と離れてしまうことに大きな不安を抱えているようでした。そのため、相談支援専門員、地域包括支援センター職員は、2人の意向を受け止めました。様子確認で1週間後に訪問したいと伝えたところ、母親からはそんなに頻繁に来る必要はないと断られそうになりましたが、娘の病院の先生が心配しているからと伝え、様子確認の訪問を了承してもらいました。

　相談支援専門員と地域包括支援センター職員は、母親の入院加療は難し

いと判断し、治療が必要な状態で自宅で2人で生活していくにはどうするのか一緒に考える方向で話し合いを進めていくことを確認しました。1週間後の訪問では、入院せずに自宅での生活を一緒に考えたいと伝えたことで、比較的落ち着いて話を聞くことができました。母親には地域包括支援センターの職員が右手が使えない状態で、食事、トイレ、入浴、着替えなど手伝いが必要なことは何があるかを一つひとつ確認し、また、母親が娘にしてあげたいけどできないことは何かも確認しました。娘には相談支援専門員から困っていることなどを尋ねましたが、娘が答える前に母親が答えてしまい、娘もそれに同調しており、娘自身の言葉を聞くことが難しい状態でした。今後の支援のために、緊急連絡先や金銭的なことについてもアセスメントをしました。

## ■情報収集の結果

　母親は、入院せずに自宅でこのまま生活をする方向性が明確になり落ち着いてきました。治療するために通院が必要なことや自宅で母親の身の回りのことをするヘルパー、傷の処置などには訪問看護師が必要であること、そのためにはお金がかかることも伝えました。最初は、お金がかかることに難色を示しましたが、このままサービスが入らないと、状態が悪化して入院せざるを得ない可能性があることを丁寧に説明し、最終的には了承を得られました。また、サービス調整のためには、ケアマネジャーが計画を立てることも了承を得ることができました。

　娘自身にサービスの調整の意向を聞こうとすると、母親が答えてしまうため、当面は現状のヘルパーサービスで様子を見ていくこととしました。娘のヘルパー事業所には、相談支援専門員より母親の身体状態、親子の関係性について改めて伝えました。

　今回のことで緊急連絡先について確認すると、唯一親戚付き合いをしている、母の姪がいることがわかりました。相談支援専門員、地域包括支援センター職員は姪と連絡を取り、現在の状況を伝えることができました。姪からは、叔母には昔お世話になっており、自分ができることは協力していきたいとの話が聞かれました。

## ❖ サービス調整

　母親のサービス調整は地域包括支援センターから依頼を受けたケアマネジャーが担当することとなりました。紹介された病院を受診した際、今後のリハビリ、在宅生活を考えた際には、介護認定の見直しが必要と医師から話があり、区分変更手続きを行いました。通院については、娘を1人で自宅に置いておけないとの想いがあり、2人での通院となりました。最初は慣れない病院での受付、診察であったため、慣れるまではケアマネジャーと地域包括支援センター職員で協力して同行しました。

　サービスについては、母親、娘それぞれの支援を分けて考えることはできないため、相談支援専門員と連携し、サービスを組み立てました。サービス担当者会議についても、母親、娘どちらの事業所も集まり、毎日必ずどちらかのヘルパーが入るように調整しました。ヘルパー事業所については、障害も高齢も行える事業所とし、ヘルパーもある程度固定してもらうことで、母親、娘との関係作りをしてもらいました。買い物や調理、掃除など何でも母親1人で行っていましたが、娘が支援を受けてできる部分を相談支援専門員から提案し、調理と関連して、ヘルパーと一緒に買い物に行くなど、母親以外と過ごす時間も敢えて作るようにしました。また、訪問看護には母親の傷の処置や状態観察と共に認知面の評価も依頼しました。

　これらのサービス内容を共有するために、自宅に「支援者連絡ノート」を作り、共有事項については記録することとしました。何か調整が必要な際には、相談支援専門員、ケアマネジャーに連絡を入れて、連携を取ることを確認しました。また、緊急時にSOSが出せるように、自治体の緊急通報システムの設置を提案し、娘でもボタンを押せば、24時間SOSが出せる環境を整えました。

## ❖ 実際の支援とその後

　母親は身体に痛みがありながらも、娘の世話をしようとする様子が見ら

れました。母親自身の介護にはこだわりは見られませんでしたが、娘への声掛けや介助にはこだわりがあり、娘のヘルパーに強く意見を言うことも見られました。娘も母親の態度で、ヘルパーに対して拒否を示すなど、ヘルパーの交代が何度かありました。その都度、ケアマネジャー、相談支援専門員で母親、娘の話を聞き、状況の整理や調整を行っていきました。母親の夫が亡くなってから20年間2人で暮らし、脳出血を発症してからはさらに2人の距離が近くなったため、他人が自宅に入り、2人の生活を支援するのには根気が必要でした。

　サービス担当者会議で支援者間での「支援者連絡ノート」で情報共有することを決めましたが、母親は親子の悪口を書いていると思い込み、一時はサービスを全部断りたいとの話がありました。その際には、姪が駆けつけて、ケアマネジャー、相談支援専門員との話し合いに同席してくれました。母親の話を聞くと、サービスは助かっているが、知らない所で自分達のことを話されていることを不満に感じていることがわかりました。そのため、ノートではなく、自宅にホワイトボードを設置し、それぞれのヘルパーから「掃除は○○の部分が終わっています」、訪問看護では「傷の処置をしてガーゼ交換しています」などと記載し、母親もその場で確認できるようにしました。母親、娘について気が付いたことは、ケアマネジャー、相談支援専門員へ連絡し、メールなどで共有をしました。

　娘は、調理のために買い物に行く機会ができるなど、少しずつ外の世界に目を向けることができてきました。以前は作る料理は母親が決めていましたが、買い物に行くことで、自分から作りたいものを伝えるなどの変化もありました。娘とヘルパーの2人になることで、長年の母親の献身的な介護ゆえに、娘がその機会を失われていることも多くあると感じられました。例えば、お金の支払いについては、お金を触ることなく生活をしており、1人での買い物は難しいことがわかりました。母親が絶対的な存在という考えは変わらず、生活面については、娘が主体的に考えて生活していくことは難しい状態が続いています。

　母親は、訪問看護が入る中で、認知面の低下から日常生活は何とか送れるものの、不動産の管理などは難しくなっている様子が見られました。姪

にも状況を報告し、今までよりも訪問の頻度を増やして様子を見てくれるようになりました。母親は、困っていることなどを姪には素直に話してくれるようになったため、姪がケアマネジャーや相談支援専門員とのつなぎ役をしてくれています。今後は地域包括支援センターとも連携し、母親の成年後見制度の利用について検討していく予定です。

## 🏠 ワンポイントアドバイス

### 母親と娘とが共依存の関係にある8050問題に対してケアマネジャーと相談支援専門員が連携しながら対応していった事例

　この事例では、相談支援専門員とつながっている高次脳機能障害の娘に対して献身的に介護してきた母親が、自身の転倒・骨折にもかかわらず、娘への心配から入院しないという希望を持っており、娘の担当の相談支援専門員に連絡が入りました。他方、相談支援専門員は、母親には介護保険サービス利用の可能性があるため、地域包括支援センターに連絡しました。相談支援専門員と地域包括支援センター職員が一緒に自宅訪問し、母親・娘の意向を確認し、母親が入院しないで2人で生活するための方策を考えるようにしたことは家族からの信頼を得る点で重要です。その後の支援の展開では、サービス担当者会議において、母親・娘双方の支援に関わる事業者が集まり、ヘルパーによる「支援者連絡ノート」さらに「ホワイトボード」を用いて絶えず連絡調整をしながら進めたことも効果的です。このように「見える化」しながら支援を進めていくことによって、母親と娘との共依存関係の中にあっても、姪との信頼関係が培われ、姪が家族内のつなぎ役になってケアマネジャーと相談支援専門員の支援の展開を円滑にしたことは重要な点です。

# Case6
## 地域との交流がなく孤立してしまい他者の介入や支援を拒否しているケース

### 🍀 概要

母87歳、息子58歳

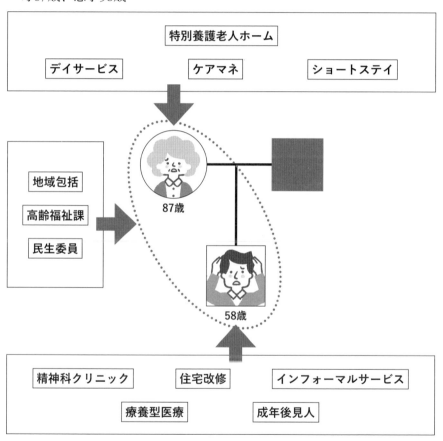

- 少し前から母親には認知症状が見られ、息子が母親を怒鳴るようになっていた。
- 近隣からの通報を受け地域包括支援センターで訪問すると「大丈

夫です、何とかやっています」と支援の希望はなし。戸建ての住居で、犬と猫を飼い、その世話を2人で行いながら、母親の遺族年金と息子は自宅でできる仕事（一般の就労は社会性の欠如から向かず、オンラインで株の取引きやオークション売買等）で小遣い程度を得る生活をしていた。

・近隣から「怒鳴り声が頻繁に聞こえてくる」と民生委員に相談があり地域包括支援センターに連絡が入った。職員が自宅を訪問すると大型犬が出迎えた。

・息子に母親との生活を尋ねると「何でもかんでもすぐに忘れるし、犬の餌を食べたりして困ってますよ。でも大丈夫です」との返答。母親は笑って猫を抱いていたが、話がかみ合わず明らかに認知症状が確認できた。

・通報を受けて行政（高齢福祉課）と地域包括支援センターとでコアメンバー会議を開いた。その後、息子による心理的虐待があるとして、介護負担軽減と見守りのために介護保険の申請を勧めたが、しばらくの間は「大丈夫です」と拒否が続いた。そのため、定期的な見守りを行っていくこととなった。

・その後、息子から地域包括支援センターに自分が軽い脳梗塞を患ったと連絡があった。これをきっかけに親子2人の介護申請を行い、認定が下りて母親と息子に担当のケアマネジャーが付き、デイサービスやショートステイの利用を開始した。

・息子は要支援の認定で住宅改修（階段への手すりの設置）を希望した。息子は体調が良化し、仕事にも就き、母親の安全も確保できた。

・その後、母親の認知症状が悪化し施設入所が決まったことで、息子は独居となり、精神的に不安定に。仕事をやめてひきこもるようになった。時々民生委員が声をかけていたがそれにも応えなくなった。

・他に身内の確認はできていない。

## ✤ 入リ口

　民生委員による高齢者の訪問調査で息子との二人暮らしの情報が地域包括支援センターには入っていました。しかし、訪問しても特に支援の必要はないとの返答で介入はありませんでした。近隣からの虐待の通報で地域包括支援センターが関わることになり、母親の認知症と息子の脳梗塞、介護負担増加にて支援が開始されました。在宅介護サービスを受けて虐待はなくなり、生活は安定したもの、母親の認知症が進み施設入所が決まると、息子は他者との交流が減り、ひきこもるようになるとともに、体調不良を訴えるようになりました。

## ✤ 情報収集

### ■情報収集の進め方

　地域包括支援センターでは息子の母親への心理的虐待と脳梗塞を発症したことで関わりを持ちました。介護認定でも要支援1を受けたために介護予防ケアマネジメントをケアマネジャーに依頼し、軽度片まひに対して階段の手すりの設置を行いました。その後、症状は軽快し、それ以上のサービス利用はありませんでした。また、母親は認知症の進行があり、その相談では同じケアマネジャーによりケアプランが作成され、支援を行うようになりました。

　息子は認知症の理解が困難で、大声で怒鳴るといった虐待の通報もあったため、まずは認知症という疾患について理解を深めてもらうように努めました。認知症サポーター養成講座の受講や認知症家族会の案内を行い、参加を促して認知症介護の実態を知ってもらいました。合わせて介護負担の軽減を進めるために母親に介護保険サービスを導入しました。サービスが導入されることで、ケアマネジャーや地域包括支援センターの関わりが始まり、相談者ができたことで認知症の理解が徐々に進み母親への対応も少しずつ変わっていきました。

　介護保険サービスを利用して、最終的には母親が特別養護老人ホームへ

入所しましたが、それにより息子は孤独感を増していきました。母親が亡くなって以降は他者との交流はほとんどなくなります。自律神経失調を自覚して精神科受診も試みましたが、思うような治療につながらず、体調不良が息子の不安感を助長していきました。

**■情報収集の結果**

　初めは母親の認知症状を息子は受け入れることができずに激高し、虐待で通報されることとなりました。しかし、それがきっかけで介入の糸口となり介護保険サービスの利用が開始されました。虐待の通報があった時点で母親の認知症は進んでいたため、まずは息子に認知症の理解をしてもらうために通報を受けた地域包括支援センター職員が訪問して「母親の行動は認知症という病気の影響なので怒鳴っても治りません。近くにいる家族が一番受け入れ辛いと思いますが、負担軽減を一緒に考えます」と都度伝えるようにしました。また、「高齢者の虐待への対応は虐待者を責めるのではなく、介護者の介護負担軽減のためにあります」と息子の生活を重視するとの視点も重ねて伝えました。その結果、息子は介護保険サービスの受け入れを了解し、母親の生活環境や支援体制は整えられました。要介護認定を受けてからケアマネジャーにより作成されたケアプランでは、在宅介護の限界を確認して施設利用へとつながっていきました。

　その後、息子も体調を崩し、その際に地域包括支援センターが介護保険の申請支援を行い、ケアマネジャーが住宅改修の支援を行ったことで介護関係者との関係は保たれていました。しかし、母親が認知症状の悪化とADLの低下により重介護状態となったことで在宅生活の継続が困難となり施設に入所しました。その後母親が亡くなり、単身となったことで息子の孤独感が増し、自身の精神面の体調悪化もあいまって、「どうせ何をやってもうまくいかない。体調もよくならない」と他者の介入を拒むようになりました。経済面の不安も増して「生活が行き詰まりこの先どうしようもない」と話すようになりました。自立度は高いために自身の介護保険サービスの利用希望はありませんでしたが、脳血管疾患の既往もあったことから、地域での見守りを民生委員と地域包括支援センターとで行うこととし

ていました。

## ✤ サービス調整

　虐待通報があったことから、母親の公的サービス利用を息子に呼びかけていましたが、そのさなか息子が軽い脳梗塞を発症し、軽いまひが残りました。これを機に家の階段の昇降が不安になったことで、手すりを付けたいと希望があり、2人とも介護保険の申請をすることとなりました。申請の結果、息子には要支援の認定が下り、ケアマネジャーが介護予防住宅改修の手配を行いました。脳梗塞の後遺症は軽度で日常生活を送る上で大きな支障はなかったため、提供するその他の介護予防サービスの利用はなく、息子は自宅でできるアルバイト程度の仕事をして生活を送っていました。母親は要介護3の認定が下り、デイサービスの利用を提案したところ、拒否はなくケアマネジャーがケアプランを作成し、利用を開始しました。週に3回のデイサービスで息子も負担が減ったことで、犬の散歩で地域包括支援センターにもよく顔を出すようになり、犬の散歩をしながら地域を見守る「わんわん見守り隊」にも参加しました。ケアマネジャーからも、特にサービス提供に問題はないと息子を担当する地域包括支援センターに報告をしていました。この2人を担当するケアマネジャーと地域包括支援センター担当者間で都度情報を共有して包括的・継続的にケアマネジメントが行われていきました。

　しかし、母親の認知症は次第に進み身体介護も必要な状態となっていきました。母親のサービス調整のためのサービス担当者会議には、地域包括支援センター職員も参加し、以前、息子による虐待があったことを考慮し、ショートステイの利用も組み入れたケアプランが作られ、外泊の頻度も増やしていきました。息子はケアマネジャーにも相談して将来的には特別養護老人ホームへの入所も考えたいとその情報を収集し、入所申し込みの手続まで行っていきました。

　息子は認知症の在宅介護の体験をもとに、地域包括支援センターが主催する「認知症家族会」や「オレンジカフェ」（認知症当事者やその家族の

集うカフェ）に参加し、認知症介護の負担を共有したり、ある時は他の家族へのアドバイスを行ったりすることもありました。

　その後、母親は特別養護老人ホームに入所することとなりました。入所後、息子は一時的に以前働いたことのある会社に連絡をして、自宅外で行うアルバイトをすることもありました。しかし、時間の制約に対して身体的に長くは続かず、家にひきこもる生活となっていきました。愛犬も亡くなり、ますます孤独感が募ることにより、不安が増大し、さらに精神状態も悪化していきました。精神科受診も行いましたが、思うように体調が改善されず自暴自棄になっていました。介護保険のサービス利用は特に希望がなく、民生委員や地域包括支援センターの自宅訪問や様子伺いの連絡等の見守りは継続していましたが、次第に体調が悪化し、うつ症状も出現しました。さらに追い打ちをかけるように母親が亡くなり、孤独感がさらに増していきました。脳梗塞の既往もあるので地域の民生委員や地域包括支援センターによる息子の見守りは続けていました。地域包括支援センターではタイミングを見てケアマネジャーに家事支援や配食サービスの手配を検討していました。

## 🍀 実際の支援とその後

### ■母親の介護サービス利用による親子の生活の改善

　母親が介護保険サービスを利用するきっかけは、虐待の通報が起点となりました。介護負担を負っている息子に、認知症による周辺症状の理解を求め、息子の生活を支えることを最優先していることを繰り返し伝えました。ケアマネジャーのケアプラン目標にも明記され、母親と息子両者への支援と位置付けられました。母親に徘徊等の周辺症状はありませんでしたが、異食や記憶障害により、同居の息子は混乱、怒り、拒否が大きかったため、在宅介護から施設介護へと支援体制の調整をしたことで、母親自身の生活も安心・安全な方向へと向いました。

　息子も介護予防サービスの利用（住宅改修）で軽度まひの残った不安定な歩行状態をサポートすることができました。さらに母親がデイサービス

を利用したことで在宅介護の負担軽減ができ、仕事に就くことができました。認知症の理解が深まり、認知症介護の体験をもとに周囲への発信ができたことはとても有意義でした。

## ■母親の施設入所、他界後の息子の精神的不調

しかし、母親が施設に入所、その後亡くなると、息子の精神状態は大きく変化していくこととなりました。孤独と体調不良を訴える中、医療や介護の助言を聞き入れることがなく「もうどうにもならない」との訴えだけが続きました。これまで関わってきた関係者はどのように対応していくべきか悩みながらも、事態を変えることはできませんでした。認知症の理解、在宅介護負担、独居生活、孤立と日常生活が変化し、それに順応することが困難であったと考えられます。同居で面倒を見ていた母親が施設に入所することとなり、息子にかかっていたストレスが減っていくほどに、自身の役割、生きがいも感じることが薄くなったようです。生活に対する満足度も減少し、「空虚」な状況から次第に抜け出せない状況となっていきました。わずかな体の異変にとても敏感となり「自分の身体が何かおかしい」という恐怖感も持つようになりました。

母親が亡くなった後は、自身の体調不良から精神的な不安が増大し、他者の介入を拒否する生活へと変わっていきました。「髪の毛が抜ける、爪が伸びない」と訴え、さらには「アウトになるのは時間の問題、心療内科に診てもらってもだめ」とメールをケアマネジャーに送っていました。ケアマネジャーは受けた連絡を常に地域包括支援センターと共有し、さらに見守りを行っている民生委員にも近況を伝えていました。

## ■地域からの孤立と脳梗塞の再発

その後、連絡が途絶えたので安否確認を行うこととなりました。亡くなった父親が自治会長を務めるなど、この家庭を知る近隣住民は多くいましたが、息子のことを知る人は少なく、近隣との交流はほとんどありませんでした。

メールでの連絡が途絶えたのでケアマネジャーは地域包括支援センター

に連絡を入れました。同時に民生委員からも「訪問しても応答が全くないし、郵便物も溜まってきている」と報告があがる状況となり、地域包括支援センターは行政と警察立会いで救急要請を行いました。

自宅に入ると息子はベッド上でうずくまっていました。声掛けには反応するものの、身体を動かすことができなかったため、救急搬送を行いました。脳梗塞の再発の診断で入院加療が始まりましたが、今回は重篤で在宅生活の復帰は困難となり、急性期医療から療養型医療へと、生活の場を移すこととなりました。

## ■生活の場の変化と成年後見制度の利用

療養型医療への移行とともに、今後の支援を行っていくために成年後見制度の利用を進めることとしました。母一人子一人の世帯であったため、首長申立てで後見人選任の申し立てを行い、その後審判が下りて後見人が選任され、支援が開始されました。亡くなった母親の相続手続や財産確定の調査から進められました。その後、息子は療養型病院から介護療養施設への移動を検討して生活の質を上げていくこととなりました。

母親と息子の支援をこのような形で進めていきましたが、最終的にはこのような顛末となり、息子への支援が行われました。母親への支援は介護保険サービスの利用を通してケアマネジャーやサービス提供事業所等が、お互いに連携し1つのチームとして（有機的に）関わるネットワークができていましたが、他者の介入を望まない息子への支援にあたっては関わる機関が多くありませんでした。

8050家庭を支援する中で「50」への支援は難しいものとなります。今回の事例では、息子が要支援の認定を受けたことでケアマネジャーが関わっていましたが、特にサービス利用の希望はなく具体的な支援は行われていませんでした。しかし、ケアマネジャーの母親への対応に息子は一定の評価をしていたので自身の心の内を発信できたのだと思います。

息子からのメールの内容が次第に自暴自棄となっていく過程でケアマネジャーは自分にできることは何かないかと悩みました。1人のケアマネジャーではできることは限られているので、このような時にこそ、地域包

括支援センターや行政を巻き込み、事態を掌握することが重要です。この
ケアマネジャーの心配の声を大きな事態と捉え、間を置かないでアプロー
チを続けることが必要であったと思います。息子の体調不良にもう少し深
くかかわることができる機関があればと考えさせられました。「孤独」、「孤
立」、「不安」への関わりを学ぶこととなりました。

## 🏠 ワンポイントアドバイス

### 近隣からの虐待通報をきっかけに認知症の母親への支援を開始し、母親の死亡後も脳梗塞経験のある息子とのつながりを継続することで孤独死を防いだ事例

　近隣からの虐待通報をきっかけに認知症の母親の支援を開始した事例です。地域包括支援センターは、家族の情緒的なつながりの修復を期待して、認知症の母親に大声で怒鳴る息子に対して認知症への理解を促しました。また、息子に脳血管疾患の既往があることから、ケアマネジャーは母親のケアプランの作成にあたって、息子の生活を支える視点を位置付けていたのがこの事例での重要なポイントです。

　母親の病状が進行するにつれて日常生活やそれを支えるサポート体制は変化しますが、家族会やオレンジカフェに参加していたというエピソードからは、次々とやってくる変化に適応しようと息子が努力したことがうかがえます。これは、息子と支援者が良好な関係性を築くことができていたことを裏付けるものです。母親の死後、単身となった息子の変化を察知したケアマネジャーは、地域包括支援センターや民生委員とも連携を取り、行政と警察の立ち合いのもとでの救急要請を行って、孤独死を防ぐことができました。脳梗塞経験のある息子の地域生活のリスクを感じ、見守りを継続していたことが功を奏したといえるでしょう。

# 参考文献・資料

〔解説編〕
〔第1章〕
Chapter 1
・『令和5年版　障害者白書』（内閣府、2023年）

・『こども・若者の意識と生活に関する調査』（内閣府、2023年）

・『ひきこもりに関する支援状況等調査結果』（東京都、2021年）

Chapter 2
・『男女共同参画白書　令和4年版』（内閣府、2023年）

Chapter 3
・野村祥平「高齢者のセルフネグレクトに関する先行研究の動向と課題」『ルーテル学院研究紀要』No.41（2007年）101-116頁

・『令和4年度「高齢者虐待の防止、高齢者の養護者に対する支援等に関する法律」に基づく対応状況等に関する調査結果』（厚生労働省老健局高齢者支援課、2023年）

・『市町村・都道府県における高齢者虐待への対応と養護者支援について（令和5年3月改訂）』（厚生労働省老健局高齢者支援課、2023年）

・『令和4年度「障害者虐待事案の未然防止のための調査研究一式調査研究事業報告書」』（日本総合研究所、2023年）

・ルース・リスター著、松本伊智朗監訳・松本淳・立木勝訳『新版　貧困とは何か　概念・言説・ポリティクス』（明石書店、2023年）

・境泉洋編著、野中俊介・山本彩・平生尚之著『CRAFT　ひきこもりの家族支援ワークブック　共に生きるために家族ができること』（金剛出版、2021年）

・渡部伸著『障害のある子が「親なきあと」にお金で困らない本』（主婦の友社、2016年）

・『「親なき後」をみんなで支える　知的障害のある人の高齢化を考える4つのポイント』（全国手をつなぐ育成会連合会編、2019年）

・斉藤雅茂・岸恵美子・野村祥平「高齢者のセルフ・ネグレクト事例の類型化と孤立死との関連―地域包括支援センターへの全国調査の二次分析―」『厚生の指標』第63巻第3号（2016年）

Chapter 4

・堺泉洋・石川信一・滝沢瑞枝・佐藤寛・坂野雄二「家族からみたひきこもり状態―その実態と心理的介入の役割」『カウンセリング研究』第37巻2号（2004）168-179頁

・Celeste Headlee「10 Ways to Have a Better Conversation」TED Talks（https://www.ted.com/talks/celeste_headlee_10_ways_to_have_a_better_conversation?language=ja、2024年5月2日編集部確認）

・『こども・若者の意識と生活に関する調査』（内閣府、2023）

・齊藤万比古ら「ひきこもりの評価・支援に関するガイドライン」（2007）

・「「ひきこもり死」1年間に72人以上　全国自治体調査」『NHK政治マガジン』（2020年11月27日）（https://www.nhk.or.jp/politics/articles/lastweek/49185.html、2024年4月16日著者確認）

・山本美穂子著『セラピストのためのバウンダリーの教科書　あの人との境界線の引き方』（BAB JAPAN、2019）

・上岡陽江・大嶋栄子『その後の不自由―「嵐」のあとを生きる人たち』（医学書院、2010）

・益子千枝「ポジティブな人間関係を構築するためのツール」『理論と実践で学ぶ知的障害のある犯罪行為者への支援』（国立のぞみの園、2017）

・深谷篤史「不登校やひきこもる若者の自立支援と支援機関の連携―家族支援やアウトリーチの手法を通して―」（埼玉県県民生活部青少年課令和5年度第2回埼玉県若者支援協議会研修会資料、2023.11.13）

・ブレンダ・デュボワ、カーラ・K・マイリー著、北島英治監訳、上田洋介訳「ソーシャルワーク――人々をエンパワメントする専門職」（明石書店、2017年）


〔第3章〕

・社会福祉法人全国社会福祉協議会編『居宅サービス計画ガイドラインVer.3　地域共生社会の実現に向けてのケアプラン作成』（全国社会福祉協議会、2023年）

・川北稔著『8050問題の深層「限界家族」をどう救うか』（NHK出版、2019年）122頁

・原田豊著『支援者・家族のためのひきこもり相談支援実践ガイドブック』（福村出版、2020年）

・「特集　8050問題に注目　長期化するひきこもり」『月刊ケアマネジメント』第30巻第3号（環境新聞社、2019年3月）

・後藤佳苗『令和3年改定対応　記載例で学ぶ居宅介護支援経過〜書くべきこと・書いてはいけないこと〜』（第一法規、2021年）96-103頁

・『ひきこもりに関する支援状況等調査結果』（東京都、2021年）

# 著者紹介

〔監修〕

小澤　温（おざわ　あつし）筑波大学人間系　教授

大村　美保（おおむら　みほ）筑波大学人間系　助教

〔著者（50音順）〕

大村　美保
　　解説編　第 1 章　Chapter 3 ／Chapter 4

小澤　温
　　解説編　第 1 章　Chapter 1 ／Chapter 2

菊本　圭一（きくもと　けいいち）
日本相談支援専門員協会　顧問・社会福祉法人けやきの郷　業務執行理事
　　解説編　第 2 章　Chapter 2 ／Chapter 3（共著）

林　茂史（はやし　しげふみ）
ひがしまつやま市総合福祉エリア　総合相談センター　相談員
　　解説編　第 3 章

日野原　雄二（ひのはら　ゆうじ）
社会福祉法人鶴ヶ島市社会福祉協議会　鶴ヶ島市生活サポートセンター　主任相談支援員・特定非営利活動法人　日本相談支援専門員協会　理事・特定非営利活動法人　埼玉県相談支援専門員協会　理事
　　解説編　第 2 章　Chapter 1 ／Chapter 3（共著）

本村　雄一（もとむら　ゆういち）
社会福祉法人創隣会　理事長・特定非営利活動法人愛隣舎　理事長
　　ケーススタディ編　Case 3 ／Case 6

米持　泰子（よねもち　たいこ）
豊玉地域包括支援センター（社会福祉法人練馬区社会福祉事業団）
　　ケーススタディ編　Case 4 ／Case 5

渡邉　晴美（わたなべ　はるみ）
神奈川県厚木保健福祉事務所　保健予防課　主任主事
　　ケーススタディ編　Case 1 ／Case 2

サービス・インフォメーション

―――――――――――――――――――――――通話無料――――

① 商品に関するご照会・お申込みのご依頼
　　　　　　　　TEL 0120 (203) 694／FAX 0120 (302) 640

② ご住所・ご名義等各種変更のご連絡
　　　　　　　　TEL 0120 (203) 696／FAX 0120 (202) 974

③ 請求・お支払いに関するご照会・ご要望
　　　　　　　　TEL 0120 (203) 695／FAX 0120 (202) 973

●フリーダイヤル（TEL）の受付時間は、土・日・祝日を除く
　9：00〜17：30です。
●FAXは24時間受け付けておりますので、あわせてご利用ください。

ケアマネジャーが「8050問題」の
支援で迷ったときに読む本
―ケアマネジメントプロセスごとに「いつ」「なにを」「どうする」がよくわかる―

2024年6月10日　初版発行

監　修　　小　澤　　温
　　　　　大　村　美　保

発行者　　田　中　英　弥

発行所　　第一法規株式会社
　　　　　〒107－8560　東京都港区南青山2-11-17
　　　　　ホームページ　https://www.daiichihoki.co.jp/

ケアマネ8050　ISBN978-4-474-09444-4　C2036（1）